Hospitality Management Information System
Theory, Practice & Frontier

酒店管理信息系统

理论、实践与前沿　　第2版

吴联仁　李瑾颉　编著

首次全面介绍物联网、云计算和大数据在酒店管理中的应用

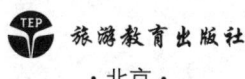

·北京·

再版前言

本书从第 1 版完稿到今年 8 月修订再版，刚好过去了整 3 年。在这期间，中国的酒店业发生了重大的变化。在中央经济新常态下，酒店业迎来了新的时代、新的需求和新的消费。这"三新"时代对酒店企业运营和管理也提出了很多新的问题和挑战。

本书第 2 版的主要内容和结构与第 1 版基本相同。本次修订主要作了以下工作：第五章"行业透视"模块增添了一小节（5.4 酒店管理信息直连系统）；对部分章节的"行业透视"模块进行了补充和更新，如新增酒店 O2O、酒店 App 等内容；还修改了第 1 版中的一些字词错误等。

在本书的再版过程中，上海师范大学旅游学院李瑾颉老师对酒店管理信息系统直连部分做了补充，同时对书中更新的案例做了大量收集和整理的工作。本书再版同时也得到了北京第二外国语学院酒店管理学院老师们的大力支持，在此向各位老师表示衷心的感谢！旅游教育出版社为本书的修订再版提供了支持，在此一并致谢！

本书虽经过修订再版，但一定还有不少疏漏，恳求读者批评指正。

吴联仁

2017 年 8 月

前　言

随着我国与世界信息高速公路的接轨,企业通过计算机网络获得信息必将为企业带来巨大的经济效益和社会效益,企业的办公及管理都将朝着高效、快速、无纸化的方向发展。近几年,旅游业的发展导致酒店数量激增,酒店业的竞争愈演愈烈。酒店要想在竞争中处于不败之地,必须在经营、管理、产品、服务等方面具备独到之处。而对酒店的经营状况起决定作用的是酒店的管理。如何利用先进的管理手段提高酒店的管理水平,是每一家酒店的管理者所面临的重要课题。

20世纪末,我国酒店业大力发展酒店管理信息系统——实质上是对酒店运行过程中人流、物流、资金流、信息流的管理——以提高酒店的管理效益及经济效益,提高服务质量、工作效率,完善酒店内部管理机制,提高酒店服务水平等。然而,我国酒店业在管理信息系统利用和开发方面不仅比发达国家落后,与其他行业相比也是比较落后的。这一方面固然是因为我国酒店行业发展较发达国家晚;另一方面也因为我国酒店管理信息系统的研究和教育落后,尚不能提供与时俱进的教材。

近几年,日新月异的技术正在酒店行业发挥重要的应用。如物联网技术已经运用到酒店智慧化中,云计算服务已在酒店客房中使用,而大数据为酒店精准营销提供了基础。

本书系统介绍了酒店管理信息系统和酒店电子商务的理论与方法。全书分为三篇:理论篇、实践篇和前沿篇。在理论篇介绍了管理信息系统的概念、发展和开发,管理信息系统的技术基础,信息化和信息资源管理。在实践篇介绍了酒店信息化、酒店管理信息系统、酒店电子商务以及酒店管理信息系统业务流程与功能模块。在前沿篇则介绍了近年新兴的技术如物联网、云计算和大数据对酒店行业智慧化等的影响。

本书适合作为酒店管理专业本科生和高职高专生的教材，也可供酒店信息系统管理人员和酒店高层管理者阅读。

本书编写得到了北京第二外国语学院酒店管理学院多位同事的大力支持，在此向各位老师表示衷心的感谢！旅游教育出版社为本书的出版提供了大力支持，在此一并致谢！

本书一定还存在不少不成熟和不当之处，恳请读者批评指正。

吴联仁

2014年8月

目 录

第一篇 理论篇

第一章 管理信息系统概述 / 002

1.1 管理信息系统的概念 / 002
1.2 管理信息系统产生的背景 / 003
1.3 管理信息系统的作用 / 003
1.4 管理信息系统的开发 / 004
1.5 管理信息系统的开发方法 / 007
1.6 系统开发的指导思想和工作原则 / 021
复习思考题 / 027

第二章 管理信息系统的技术基础 / 028

2.1 计算机系统 / 028
2.2 计算机网络技术 / 033
2.3 数据库技术 / 040
复习思考题 / 046

第三章 信息化与信息资源管理 / 048

3.1 信息化概述 / 048
3.2 信息资源管理 / 052
3.3 信息化能力 / 062
复习思考题 / 068

第二篇　实践篇

第四章　酒店信息化 / 070

4.1 酒店信息化需求 / 070
4.2 信息化给酒店经营带来的影响 / 071
4.3 信息化酒店的建设 / 073
4.4 酒店信息化进程中的问题 / 074
复习思考题 / 076

第五章　酒店管理信息系统 / 077

5.1 酒店管理信息系统概述 / 077
5.2 酒店管理信息系统的发展 / 080
5.3 酒店管理信息系统介绍 / 088
5.4 酒店管理信息直连系统 / 092
复习思考题 / 096

第六章　酒店电子商务 / 097

6.1 电子商务概述 / 097
6.2 酒店电子商务 / 101
6.3 酒店电子商务建设方案及其制定 / 105
6.4 电子商务在酒店业的发展 / 112
6.5 当前酒店电子商务存在的问题与未来展望 / 115
复习思考题 / 122

第七章　系统业务流程与功能模块 / 123

7.1 客房管理系统 / 123
7.2 餐饮管理系统 / 129
7.3 康乐管理系统 / 134

7.4 经理决策支持系统 / 143

复习思考题 / 145

第三篇　前沿篇

第八章　物联网与智慧酒店 / 148

8.1 物联网概述 / 148

8.2 酒店物联网管理系统概述 / 150

8.3 酒店物联网实时管理系统 / 151

复习思考题 / 153

第九章　云计算与智慧客房系统 / 154

9.1 云计算概述 / 154

9.2 云架构的智慧客房系统 / 159

9.3 智慧客房系统建设 / 162

复习思考题 / 165

第十章　大数据与酒店精准营销 / 166

10.1 大数据的研究现状 / 166

10.2 酒店精准营销 / 176

10.3 对大数据环境下精准营销模式的思考 / 180

复习思考题 / 184

参考文献 / 185

第一篇 理论篇

第一章　管理信息系统概述

1.1 管理信息系统的概念

管理信息系统（Management Information System，简称 MIS）是一个以人为主导，利用计算机硬件、软件、网络通信设备以及其他办公设备，进行信息的收集、传输、加工、储存、更新、拓展和维护的系统。

管理信息系统，从字面上理解就是用于管理的计算机系统，或者说用系统的方式，通过信息媒介控制达到管理的目的。管理信息系统由三个概念元素组成，即管理、组织和技术（如图 1-1 所示）。

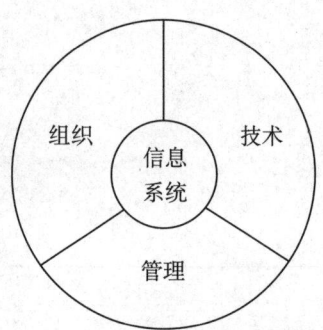

图 1-1　管理信息系统的概念

管理信息系统是一个不断发展的新型学科，其定义随着计算机技术和通信技术的进步也在不断更新。在现阶段普遍认为管理信息系统（MIS），是由人和计算机设备或其他信息处理手段组成并用于管理信息的系统。管理信息由信息的采集、信息的传递、信息的储存、信息的加工、信息的维护和信息的使用六个方面组成。

完善的管理信息系统具有以下四个标准：确定的信息需求、信息的可采集与可加工、可以通过程序为管理人员提供信息、可以对信息进行管理。具有统一规划的数据库是管理信息系统成熟的重要标志，它象征着管理信息系统是软件工程的产物。管理信息系统是一个交叉性综合性学科，组成部分有：计算机学科（网络通信、数据库、计算机语言等）、数学（统计学、运筹学、线性规划等）、管理学、仿真等多学科。信息是管理上的一项极为重要的资源，管理工作的成败取决于能否作出有效的决策，而决策的正确程度则在很大程度上取决于信息的质量。所以，能否有效地管理信息成为企业的首要问题，管理信息系统在强调管理、强调信息的现代社会中越来越普及。

1.2 管理信息系统产生的背景

20世纪，随着全球经济的蓬勃发展，众多经济学家纷纷提出了新的管理理论。20世纪50年代，赫伯特·西蒙（Herbert Simon）提出管理依赖于信息和决策的思想。同时期的诺伯特·维纳（Norbert Wiener）发表了控制论，他认为管理是一个过程。1958年，盖尔写道："管理将以较低的成本得到及时准确的信息，做到较好的控制。"这个时期，计算机开始用于会计工作，出现数据处理一词。

1970年，沃尔特·肯尼维（Walter T. Kennevan）给刚刚出现的管理信息系统一词下了一个定义："以口头或书面的形式，在合适的时间向经理、职员以及外界人员提供过去的、现在的、预测未来的有关企业内部及其环境的信息，以帮助他们进行决策。"这个定义强调了用信息支持决策，但并没有强调应用模型，没有提到计算机的应用。

1985年，管理信息系统的创始人、明尼苏达大学的管理学教授戈登·戴维斯（Gordon B. Davis）给管理信息系统下了一个较完整的定义，即"管理信息系统是一个利用计算机软硬件资源，手工作业，进行分析、计划、控制和决策的数据库人-机系统。它能提供信息，支持企业或组织的运行管理和决策功能。"这个定义全面地说明了管理信息系统的目标、功能和组成，而且反映了管理信息系统在当时达到的水平。

1.3 管理信息系统的作用

1. 管理信息是重要的资源

对企业来说，人、物资、能源、资金、信息是五大重要资源。人、物资、能源、资金这些都是可见的有形资源，而信息是一种无形的资源。以前人们比较看重有形的资源，进入信息社会和知识经济时代以后，信息资源就显得日益重要。因为信息资源决定了如何更有效地利用物资资源。信息资源是人类与自然的斗争中得出的知识结晶，掌握了信息资源，就可以更好地利用有形资源，使有形资源发挥更好的效益。

2. 管理信息是决策的基础

只有对客观情况、对企业内外部情况了解，才能作出正确的判断和决策。所以，决策和信息有着非常密切的联系。过去一些凭经验或者拍脑袋作出的那种决策，经常会造成决策的失误。明确的信息是决策的基础。

3. 管理信息是实施管理控制的依据

在管理控制中，以信息来控制整个的生产过程、服务过程的运作，靠信息的反馈来不断地修正已有的计划，依靠信息来实施管理控制。有很多事情不能很好地控制，其根源是没有很好地掌握全面的信息。

4. 管理信息是联系组织内外的纽带

企业跟外界的联系、企业内部各职能部门之间的联系，也是通过信息互相沟通的。因此，要沟通各部门的联系，使整个企业能够协调地工作，就要依靠信息。所以，它是组织内外沟通的一个纽带，没有信息就不可能很好地沟通内外的联系和步调一致地协同工作。

1.4 管理信息系统的开发

管理信息系统的开发是一项复杂的系统工程，它涉及的知识领域广泛，涉及的单位部门众多，需要在计算机技术、管理业务、组织及行为等方面全面把握。可以采用的系统开发方法较多，如传统的结构化方法、原型法、面向对象法等，每种方法都有自己的适用范围，不能简单地说哪种方法最好或明显比其他方法优越；往往各种方法会在系统开发的不同侧面和不同阶段为信息系统的开发提供有益的帮助或明显提高开发质量及效率。因此，不能对开发人员硬性规定必须采用何种方法从事系统的开发工作，而只能因地制宜，具体问题具体分析。无论何种方法，都必须实现两个目标：一是提高信息系统的开发效率，二是保证信息系统的质量。

系统方法或系统方法论是研究管理信息系统开发方法的重要思想。所谓系统工程有两层含意：作为科学，它是以研究大规模复杂系统为对象、以系统概念为主线，引用其他学科的一些理论、概念和思想而形成的多元目的科学；作为工程，它又是一门工程技术，具有和一般工程技术相同的特征，但又具有本身的特点。信息系统的开发是这样一种系统工程，它并不研究特定的工程物质对象，而是研究为协调物质对象而存在的信息系统，研究如何将现有的人工信息管理模式转换成利用计算机、通信等技术的现代化管理模式。这种转换过程就是信息系统开发。

从这个意义上说，可以将信息系统的开发过程称为信息系统工程。一方面从系统的概念出发，首先考虑系统的全局结构，着眼于整体最优，再进一步考虑系统的各个组成部分的主要功能以及组成部分之间的协调一致，进而达到系统的最终目标。在开发过程中要将管理学、人际关系学、组织行为学、计算机科学、通信技术等先进的科学技术有机地结合在一起。另一方面系统的开发体现出了一些工程的特性，即所有开发人员的工作必须遵循一个正确的方法、按照一定的工作标准和程序、利用有效的工具来进行。整个开发过程要分阶段、分步骤地逐步实施。每个阶段、每一步骤都应该有一系列的文档资料作为开发工作的阶段性成果，这些成果一定要经过正确性验证。

系统方法的要点可以归结为：系统的思想、数学的方法和计算机的技术。系统的思想即把研究对象作为一个系统，考虑系统的一般特性和被研究对象的个性；数学的方法就是用定量技术即数学方法来研究系统，通过建立系统的数学模型和运行模型，将得到的结果进行分析并再用到原来的系统中；计算机技术是求解数学模型的工具，在计算机上用数学模型对现实系统进行模拟，以实现系统的最优化。美国学者霍尔（H. Hall）最先提出了系统方法的"三维结构体系"，这是系统工程方法论的基础。

三维结构是由时间维、逻辑维和知识维组成的一个立体结构，如图 1-2 所示。

时间维将系统研制分为七个阶段来进行：
①规划阶段：对系统进行定义，确定系统目标，制定开发规划和策略。
②制定方案：提出具体实施方案。
③研制阶段：实现系统的研制方案。
④试运行阶段：将研制结果投入试运行。
⑤安装调试阶段：整个系统安装好，拟定运行维护规范和运行计划。
⑥运行阶段：按预期目标运行系统。
⑦更新阶段：改进旧系统，使之成为新系统。

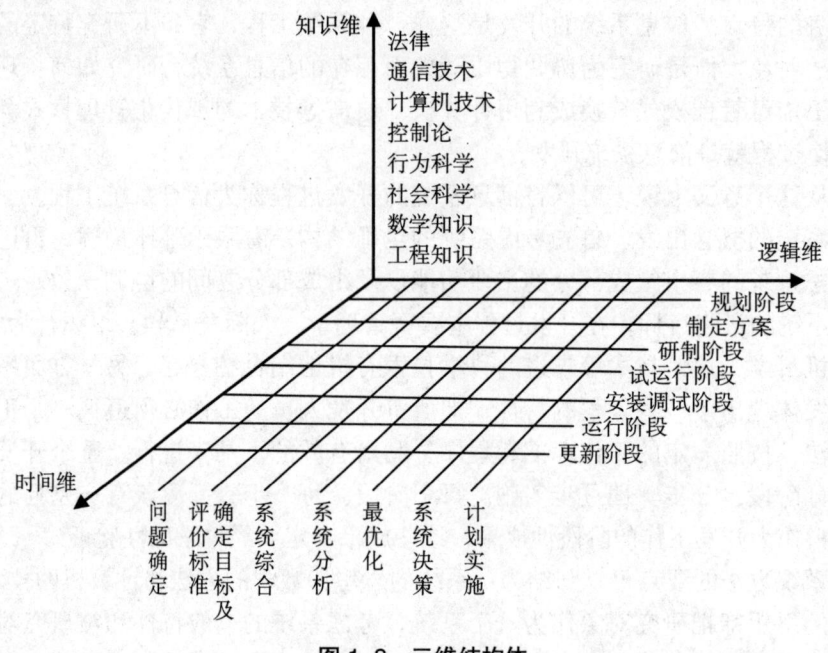

图 1-2 三维结构体

逻辑维是指系统开发过程中每个阶段所经历的步骤。

①问题确定：通过收集数据，弄清问题的症结，确定这个阶段应该解决的问题。

②确定目标及评价标准：即确定解决问题应达到的目标以及对阶段成果进行验证的标准。

③系统综合：研究达到目标的各种方案和策略。

④系统分析：通过建模，推断可选择的各种方案的可能结果。

⑤最优化：对各种方案的可能结果进行比较、分析，求出最优的系统方案。

⑥系统决策：在系统最优方案中进行选择，作出最后决策。

⑦计划实施：将决策方案实施。

知识维是指完成各阶段、各步骤所需的知识。这些知识包括：工程知识、数学知识、社会科学、行为科学、控制论、计算机技术、通信技术、法律等。

1.5 管理信息系统的开发方法

1.5.1 结构化系统开发方法

结构化系统开发方法,亦称为 SSA & D 法(Structured System Analysis and Design),或 SADT(Structured Analysis and Design Technology),是自上向下结构化方法,是工程化的系统开发方法和生命周期方法结合的产物,是迄今为止所有开发方法中应用最广泛、最成熟的系统开发技术。

1. 结构化系统开发方法的基本思想

结构化系统开发方法的基本思想是:采用结构化思想、系统工程的观点和工程化的方法,按照用户至上的原则,先将整个管理信息系统作为一个大模块分而治之,自顶向下,利用模块化结构设计技术进行模块分解,然后再自底向上按照系统的结构将各模块进行组合,最终实现系统的开发。

具体说来,就是首先将整个系统的开发过程按照生命周期划分为系统规划、系统分析、系统设计、系统实施和系统运行管理与评价等几个相对独立的开发阶段;其次,在系统规划、系统分析、系统设计各阶段,坚持自顶向下的原则,进行系统的结构化划分。从最顶层的管理业务调查开始,直至最底层业务,从系统的整体方案分析和设计出发,先优化整体的逻辑或物理结构,后优化局部的逻辑或物理结构;最后,在系统实施阶段,坚持自底向上的原则,从最底层的模块编程开始,逐步组合和调试,由此完成整个系统的开发。

结构化系统开发方法开发管理信息系统的工作过程如图1-3所示。

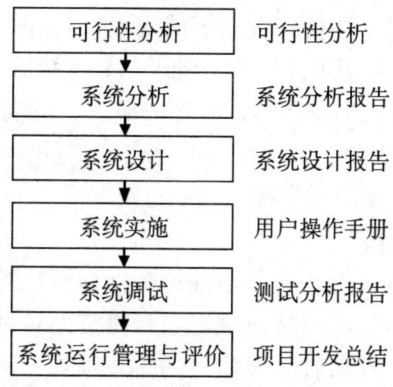

图1-3 结构化系统开发方法的工作过程

结构化系统开发方法强调严格按照系统开发的生命周期进行信息开发，适合于大型系统的开发。

(1) 结构化系统开发方法的优点

①严格区分系统开发的阶段性。每个阶段都明确对应的目标和任务，每个阶段又进一步分为若干具体步骤，系统开发有序进行，每个阶段开始于前一阶段的成果，又以本阶段的成果标志该阶段工作的结束，前后衔接，准确性高。

②自顶层向下层逐层开发，结构化，模块化。从全局的观点出发进行系统的分析与设计，保证系统总体结构的合理性、系统内数据信息的完整性与一致性、各子系统之间的有机联系；同时又根据设计的要求，采用模块化设计技术进行具体的程序和功能模块的编程与调试，逐步组合实现整个系统，使复杂的系统开发工作简单化。

③建立面向用户的观点，深入调查研究。面向用户，充分了解用户的需求，详细调查，努力掌握系统的实际业务处理过程各个具体环节；通过研究分析，制订科学合理的新系统开发方案。

④系统开发过程工程化，文档资料标准化。阶段性成果采用标准化、规范化的格式和术语、图表等形式组织文档，便于系统开发人员和用户的交流。

(2) 结构化系统开发方法的缺点

①系统开发周期过长。由于系统开发过程中附带每个阶段的中间结果总结，必然导致系统开发时间的延长，后果是可能因为开发周期内计算机理论和技术的发展与更新、系统环境的变化等，造成刚建立的新系统迅速变得落后和陈旧，缩短系统的使用寿命。

②要求在开发之初全面认识系统的信息需求，充分预料各种可能发生的变化，这并不十分现实。往往许多系统的建设，是在开发过程中逐步明确和完善的，特别是对于侧重于辅助决策的管理信息系统的开发更是如此。

③用户参与系统开发的积极性没有充分调动，造成系统交接过程不平稳，系统运行维护管理难度加大。

2. 结构化系统开发方法的步骤

(1) 可行性分析阶段

可行性分析也称可行性研究。当前可行性分析已被广泛应用于新产品开发、基建、工业企业、交通运输设施等项目投资的各种领域。新的信息系统的开发是一项耗资多、耗时长、风险大的工程项目。因此，必须进行可行性分析，写出分析报告。报告中所阐述的可行性分析内容要经过充分论证，正确之后方可进行下一阶段的工作。

(2) 信息系统规划阶段

只有在被共享的前提下信息才能发挥其资源作用。在企业或组织中，来源于企业或组织内外的信息源很多，如何从大量的信息源中收集、整理、加工、使用这些信息，发挥信息的整体效益，以满足各类管理不同层次的需要，显然不是分散的、局部的考虑所能解决的问题，必须经过来自高层的、统一的、全局的规划。

系统规划阶段的任务就是要站在全局的角度，对所开发的系统中的信息进行统一的、总体的考虑。另外，信息系统的开发需要经过开发人员长时间的努力，需要相应的开发资金，因而在开发之前要确定开发顺序，合理安排人力、物力和财力，这些问题也必须通过系统规划来解决。具体地说，系统规划是在可行性分析论证之后，从总体的角度来规划系统应该由哪些部分组成，在这些组成部分中有哪些数据库（这里所规划出的数据库是被系统各个模块所公用的主题数据库），它们之间的信息交换关系是如何通过数据库来实现的，并根据信息与功能需求提出计算机系统硬件网络配置方案。同时，根据管理需求确定这些模块的开发优先顺序，制定出开发计划，根据开发计划合理调配人员、物资和资金。这一阶段的总结性成果是系统规划报告，这个报告要在管理人员特别是高层管理人员、系统开发人员的共同参与下进行论证。

(3) 信息系统分析阶段

系统分析阶段的任务是按照总体规划的要求，逐一对系统规划中所确定的各组成部分进行详细的分析。其分析包含两个方面的内容：一是分析每部分内部的信息需求，除了要分析内部对主题数据库的需求外，还要分析为了完成用户（管理人员）对该部分所要求的功能而必须建立的一些专用数据库。分析之后要定义出数据库的结构，建立数据字典。二是进行功能分析，即详细分析各部分如何对各类信息进行加工处理，以实现用户所提出的各类功能需求。在对系统的各个组成部分进行详尽的分析之后，要利用适当的工具将分析结果表达出来，与用户进行充分的交流和验证，检验正确后可进入下一阶段的工作。

(4) 信息系统设计阶段

系统设计阶段的任务是根据系统分析的结果，结合计算机的具体实现，设计各个组成部分在计算机系统上的结构。即采用一定的标准和准则，考虑模块应该由哪些程序块组成，它们之间的联系如何。同时要进行系统的编码设计、输入/输出设计等。

(5) 信息系统开发实施阶段

系统开发实施阶段的任务有两个方面：一方面是系统硬件设备的购置与安装，另一方面是应用软件的程序设计。程序设计是根据系统设计阶段的成果，遵循一定的设计原则来进行的。其最终的阶段性成果是大量的程序清单及系统使用说明书。

(6) 信息系统测试阶段

程序设计工作的完成并不意味着系统开发的结束。一般在程序调试过程中往往使用的是一些试验数据。因此，在程序设计结束后必须选择一些实际的管理信息加载到系统中进行测试。系统测试是从总体出发，测试系统应用软件的总体效益及系统各个组成部分的功能完成情况，测试系统的运行效率、系统的可靠性等。

(7) 信息系统安装调试阶段

系统测试工作的结束表明信息系统的开发已初具规模，这时必须投入大量的人力从事系统安装、数据加载等系统运行前的一些新旧系统的转换工作。一旦转换结束，便可对计算机硬件和软件系统进行系统的联合调试。

(8) 信息系统试运行阶段

系统调试结束便可进入到系统运行阶段。但是，一般来说在系统正式运行之前，要进行一段时间的试运行。因为信息系统是整个企业或组织的协调系统，如果不经过一段时间的实际检验就将系统投入运行状态，一旦出现问题可能会导致整个系统的瘫痪，进而造成严重的经济损失。所以最好的方法是将新开发出的系统与原来旧系统并行运转一段时间来进一步对系统进行各个方面的测试。这种做法尽管可以降低系统的风险性，但是由于两套系统的同时运作使得投资加大。因此可以根据实际运行情况适当缩短试运行的时间。

(9) 信息系统运行维护阶段

当系统开发工作完成准备进入试运行阶段之前，除了要做好管理人员的培训工作外，还要制定一系列管理规则和制度。在这些规则和制度的约束下进行新系统的各项运行操作，如系统的备份、数据库的恢复、运行日志的建立、系统功能的修改与增加、数据库操作权限的更改等。在这一阶段着重要做好人员的各项管理和系统的维护工作，以保证系统处于适用状态。同时要定期对系统进行评审，经过评审后一旦认为这个信息系统已经不能满足现代管理的需求，则应该考虑进入下一个阶段。

(10) 信息系统更新阶段

信息系统更新阶段的主要任务就是要在上一阶段提出更新需求后，对信息系统进行充分的论证，提出信息系统的建设目标和功能需求，准备进入信息系统的一个崭新的开发周期。

信息系统的开发是一项长期而艰巨的系统工程，整个开发过程必须严格区分工作阶段，每个阶段都要有阶段性的成果。阶段性成果分别为：可行性报告、总体规划方案报告、系统分析报告、系统设计报告、系统使用说明书、系统测试报告、系统安装验收报告、系统试运行总结报告、系统运行审计报告。伴随着这些阶段性的总结报告要有一系列与之配套的文档资料。每个报告的完成标志着相应系统开发阶段工作的基本完成。对各阶段工作的质量和阶段性成果的检验可以通过评审来进行，检验合格后方能进入下一阶段的工作；否则，要考虑对本阶段工作的修正。这就相当于产品生产的每道工序的质量检查一样，只有保证即将进入下一道工序的半成品是合格的，最终才能生产出合格的产品。

值得注意的是，信息系统开发的阶段性成果与产品生产过程中的半成品有着很大的不同。半成品一经检验合格允许进入下一道工序后，无须再返工、修正，并且有的半成品也不可能返工。而信息系统开发的阶段性成果经过评审合格后，进入下一阶段，为完成新阶段的任务、实现新阶段的目标，不可避免地要对前一阶段的部分文档资料进行修订。由此产生的另外一个问题是，系统开发人员一定要注意维护各个阶段文档的一致性和可追踪性。维护文档的一致性，就是指如果对文档的某一处进行了修改，与之相关的其他所有文档都要作相应的修改。例如，一个数据元素的定义发生了变化，与这个数据元素相关的所有数据库、表都要作相应的修改。维护文档的可追踪性，就是指各个阶段的文档资料可以分不同时期、不同版本来保留，从而保留系统开发的轨迹。只有这样，才能为成功地开发一个信息系统奠定良好的基础。

1.5.2 原型法开发方法

为了解决结构化方法存在的周期长、成本高的缺点，研究人员在关系数据库系统、第四代程序生成工具和各种系统开发生成环境诞生的基础上，提出了开发管理信息系统的快速应用程序开发方法（Rapid Application Development，简称 RAD）。这种方法的本质是尽快地开发出可以使用的原型系统，因此也把此方法称为快速原型法，简称原型法。它并不注重对管理信息系统进行全面、系统地调查和分析，而是根据对用户的信息需求的大致了解，借助强有力的软件环境支持，迅速构造一个新系统的原型，然后通过反复修改和完善，最终完成新系统的开发。快速原型法的特点是快速地创建出管理信息系统的测试版本，该版本可以用来演示和评估，用户可以借助这种测试版本更加详细地提出自己的需求，系统开发人员可以借助这种测试版本挖掘用户的需求，然后在此基础上对系统的测试版本进行修改。

1. 原型法的概念

管理信息系统的原型，既不是对系统的仿真，也不是系统工程中的缩小尺寸的原型，它指区别于最终系统的初始模型，这种原型经过多次反复修改完善后，可以成为欲开发的最终系统。因此。它要处理的是系统中的实际数据，应该包括最终系统的大部分具体功能。

原型法中的原型，应当具备以下基本特点：

（1）实际可行。原型不是抽象的系统结构模型或理论设计模型，而是可以实际运行的软件系统。

（2）具有最终系统的基本特征。原型是形成最终系统的基础，通过不断丰富其功能，最终成为实际的管理信息系统产品。

（3）构造方便、快速，造价低。

2. 原型法的分类

在系统开发过程中，根据原型的作用和变化，一般可分为以下几种形式：

（1）抛弃式。此类原型在系统真正实现以后就放弃不用了。如研究型原型，其初始的设计仅作为参考，用于探索目标系统的需求特征；又如试验型原型，作为目标系统大规模开发前的某种实施方案而设计的原型，用于验证方案的可行性。

（2）进化式。此类原型的构造从目标系统的一个或几个基本需求出发，通过修改和追加功能的过程逐渐丰富，演变成最终系统。如展开型原型和递增型原型，分别在原型基础上纵向或横向发展，原型成为最终系统的一部分存在。

3. 原型法的基本思想

运用原型法开发管理信息系统，首先要对用户提出的初步需求进行总结，然后构造一个合适的原型并运行，此后，通过系统开发人员与用户对原型的运行情况的不断分析、修改和研讨，不断扩充和完善系统的结构和功能，直至得到符合用户要求的系统为止。

原型法的上述基本思想，体现出以下特征：

（1）原型法并不要求系统开发之初，即完全掌握系统的所有需求。事实上，由于各种因素的影响，系统的所有需求不可能在开发之初就可以预先确定，用户只有在看到一个具体的系统时，才能对自己的需求有完整准确的把握,同时也才能发现系统当前存在的问题和缺陷。

(2) 构造原型必须依赖快速的原型构造工具。只有在工具的支持下才能迅速建立系统原型,并方便地进行修改、扩充、变换和完善。

(3) 原型构造工具必须能够提供目标系统的动态模型,才能通过其运行暴露出问题和缺陷,有利于迅速进行修改和完善。

(4) 原型的反复修改是必然的和不可避免的。必须将用户的要求,随时反映到系统中去,从而完善系统的结构和功能,使系统提供的信息真正满足管理和决策的需要。

4. 原型法的工作流程与支撑环境

原型法的基本工作流程可描述为以下几步:

(1) 用户提出开发需求和系统的初步需求。

(2) 系统开发人员识别用户需求,利用工具构造一个系统原型。

(3) 双方一起进行测试和评价,确定下一步处理方式:如果根本不可用,抛弃该原型,返回到上一步,重新构造;如果满意,则对该原型进行分析和整理,并根据新的要求进行修改。

(4) 反复对修改后的原型进行测试和评价,直至符合用户的要求,即构成最终系统。

上述工作流程归纳如图1-4所示。

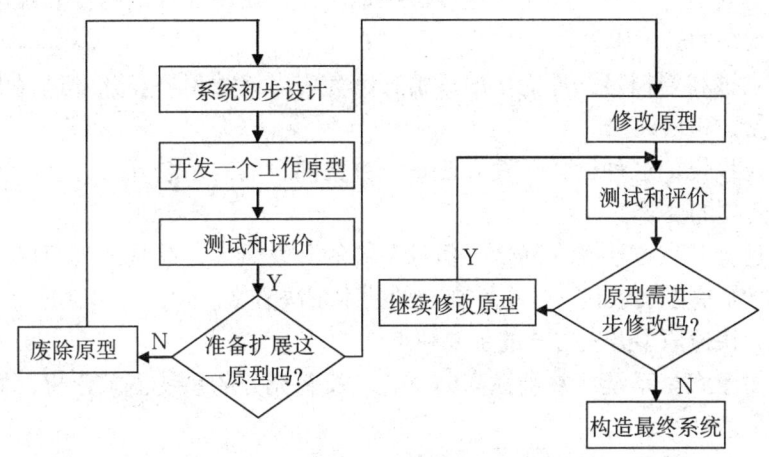

图1-4 原型法的基本工作流程

原型法的运用,必须依赖强有力的软件支撑环境作后台。这个环境至少应具备:一套操作方便灵活的关系型数据库管理系统软件,一个与数据库系统相适应的数据字典生成工具，一套与数据库系统相适应的快速查询系统并支持复合条件查询，一套支持结构化编程、代码自动生成和维护的高级软件工具或环境。

5. 原型法的特点

快速原型法的特点是快速地创建出管理信息系统的测试版本，该版本可以用来演示和评估，用户可以借助这种测试版本让用户在开发之初就看到系统雏形，了解管理信息系统，更加详细地提出自己的需求，有利于用户及早参与开发过程，激发参与开发的热情和积极性；也可以使用户培训工作同时启动，有利于系统今后顺利交接和运行维护。系统开发人员可以借助这种测试版本挖掘用户的需求，然后在此基础上对系统的测试版本进行修改。

(1) 快速原型开发方法的优点

①对于那些用户需求无法确定的项目来说，是一个非常有效的开发方法。

②这种方法鼓励用户参与系统开发的积极性，提高了终端用户使用系统的热情。

③由于许多用户参与到了信息系统的开发过程中，所以项目开发过程的透明度和支持度都非常高。

④用户和管理阶层可以更快地看到可以工作的信息系统原型，也就可以更早地得到企业的解决方案。

⑤与其他开发方法相比，可以尽快地发现系统中存在的错误和疏漏，提高信息系统的开发质量。

⑥测试和培训是一件简单的事情，因为许多终端用户在开发过程中已经参与了测试和培训。

⑦应该说，这种循环开发方法是一种更加自然的系统开发方法，因为符合改变管理的要求。

⑧这种开发方法大大降低了信息系统的开发风险，这是因为使用不断循环的技术解决方案取代了一次性提交的技术解决方案。

(2) 快速原型开发方法的主要缺点

①对于大型系统或复杂性高的系统，没有充分的系统需求分析，很难构造出原型。

②这种方法鼓励采用"编码、实现、修复"的开发方式，这样有可能提高整个系统生命周期的运行支持和维护成本。

③这种方法失去了开发过程中选择更好的技术方案的机会，因为技术人员和用户都希望尽快地看到可以使用的原型，认为更加优化的技术方案可以

在下一次循环中采纳。

④这种方法过于强调速度，使得许多潜在的系统质量缺陷没有得到很好的解决。

快速原型开发方法开发进程管理复杂，要求用户和开发人员的素质高，配合默契；必须依赖强有力的支撑环境，否则无法进行。应用原型法进行系统开发，构造原型快速，成本较低；开发进程加快，周期缩短，反馈及时。通常，快速原型方法适于开发小型的信息系统项目。

1.5.3 面向对象开发方法

前面介绍了结构化开发方法和原型法，这是当前普遍使用的信息系统分析和设计技术。但是，这些传统的信息系统分析和设计技术存在许多问题，如生产效率比较低、软件重用度很低、软件维护非常困难、开发出的软件往往不能真正地满足用户的需要。为了解决这些问题，提出面向对象的开发方法（Object Oriented Method，简称OOM），它是从各种面向对象的程序设计方法基础上逐步发展起来的，以类和对象以及继承、消息传递等概念描述客观事物及其联系，与传统的面向数据的思想完全不同，为管理信息系统开发提供了全新的思维。实践表明，面向对象分析和设计技术是解决当前信息系统分析和设计问题的一个有效的方案。使用面向对象技术，特别是使用统一建模语言（United Modeling Language，简称UML），可以大大提高信息系统分析和设计的质量和效率。

1. 结构化系统开发方法存在的问题

结构化系统开发方法的本质，是在具体的软件开发工作之前通过需求分析预定义软件需求，然后一个阶段一个阶段有条不紊地开发用户所需要的软件，实现预先定义的软件需求。但是实践证明，结构化系统开发方法存在许多问题：

（1）开发的软件往往不能真正满足用户需要。
（2）软件维护非常困难。
（3）生产效率比较低。
（4）软件重用困难。

实践表明，使用结构化开发方法开发的大型信息系统由于需求的动态变化，结果造成所开发出来的信息系统往往不能真正地满足用户的需要。据一些媒体报道，在美国开发出的信息系统中，真正符合用户需要并且顺利投入使用的信息系统不到总数的25%，另外有25%的信息系统往往在开发期间中途夭折，其余的50%的信息系统虽然开发完成了，但是并未被用户真正地采用。所谓的不能真正地满足用户的需要，主要表现在两个方面：一是开发人员不能完全获得或不能彻底理解用户的需求，以至开发出的信息系统与用户期望的系统不一致，不能满足用户需求；二是所开发出的信息系统不能适应用户需求经常变化的情况，系统的稳定性和可扩充性不能满足用户需求。

结构化系统开发方法特别强调文档的重要性，规定最终的信息系统产品应该由完整、一致的配置元素组成。在信息系统开发的整个过程中，始终强调信息系统的可读性、可修改性和可测试性是信息系统的重要质量指标。因此，对这样的信息系统软件所进行的维护属于结构化维护的范畴，可维护性有了比较明显的提高，信息系统软件从不能维护变成基本上可以维护。但是实践表明，即使是使用生命周期方法开发出来的信息系统，维护起来仍然相当困难，维护成本也非常高。统计数字表明，信息系统维护的生产率比软件开发的生产率低几十倍。

传统的结构化方法强调需求分析的重要性，强调在每个阶段结束之前必须进行评审，从而提高了信息系统开发的成功率，减少了重大返工的次数；开发过程中实行严格的质量管理，采用先进的技术方法和软件工具，也加快了信息系统的开发速度。从某种意义上来说，采用传统的结构化方法确实提高了信息系统的开发效率，但是这种提高是非常有限的，提高的幅度远远满足不了人们对信息系统的需要。由于供求之间存在的不平衡越来越严重，用户需要的信息系统不能及时地开发出来。因此，如果没有一个更加有效的开发软件的方法，则信息系统的开发效率和信息系统需求之间的矛盾会更加地不平衡。

重用也被称为再用或复用，是指同一个事物不经修改或稍加修改就可以多次重复使用。显然，软件重用是节约人力资源、提高软件生产率的重要途径。结构分析、结构设计、结构程序设计等技术，虽然为信息系统等软件产业带来了巨大的进步，但是却没能很好地解决软件重用的问题。人们原以为只要多建立一些标准程序库，就能在很大程度上提高软件的可重用性，减轻人们开发软件的工作量。但是，实际上除了一些接口非常简单的标准数学函数经常被重用之外，几乎每次开发一个新的信息系统时，都需要对这个具体的系统做大量重复而又烦琐的工作。

为了解决上面提到的各种问题，提高信息系统的稳定性、可修改性、可重用性，人们在实践中逐渐创造了面向对象开发方法。面向对象开发方法的优点在于：与人类的思维方法一致、稳定性好、可重用性好、可维护性好。

2. 面向对象开发方法的基本思想

面向对象的开发方法基于类和对象的概念，把客观世界的一切事物都看成是由各种不同的对象组成，每个对象都有各自内部的状态、机制和规律；按照对象的不同特性，可以组成不同的类。不同的对象和类之间的相互联系和相互作用就构成了客观世界中的不同的事物和系统。面向对象的开发方法可描述为：

（1）客观事物是由对象组成的，对象是在原事物基础上抽象的结果。任何复杂的事物都可以通过各种对象的某种组合结构来定义和描述。

（2）对象是由属性和操作方法组成的，其属性反映了对象的数据信息特征，而操作方法则用来定义改变对象属性状态的各种操作方式。

（3）对象之间的联系通过消息传递机制来实现，而消息传递的方式是通过消息传递模式和方法所定义的操作过程来完成的。

（4）对象可以按其属性来归类，借助类的层次结构，子类可以通过继承机制获得其父类的特性。

（5）对象具有封装的特性，一个对象就构成一个严格模块化的实体，在系统开发中可被共事和重复引用，达到软件（程序和模块）重用的目的。

3. 面向对象的系统开发过程

采用面向对象的开发方法，首先要进行系统调查和需求分析，对系统中的具体管理问题和用户对系统的需求进行系统的调查研究，确保系统的整体性、开发过程的阶段性与计划性，使系统性能满足系统的目标和要求，以期获取最佳的经济效益。

面向对象的系统开发过程，一般可分为以下四个阶段：

（1）系统分析（分析和求解问题）阶段。利用信息模型技术识别问题域中的对象实体，标识对象之间的关系，确定对象的属性和方法，利用属性描述对象及其关系，并按照属性的变化规律定义对象及其关系的处理流程，该阶段简称 OOA（Object Oriented Analysis）。

（2）系统设计（确定问题模型）阶段。对系统发现的结果进一步抽象、归类、整理，以范式（物理模型）的形式确定，该阶段简称 OOD（Object Oriented Design）。

（3）系统实现（程序设计）阶段。利用面向对象的程序设计语言进行编程，该阶段简称 OOP（Object Oriented Programming）。

（4）系统测试阶段。运用面向对象的技术进行软件测试，该阶段简称 OOT（Object Oriented Test）。

面向对象的方法还为软件维护提供了有效途径,程序与问题域一致,各个阶段表现一致,大大降低了理解难度,提高了软件的维护效率。

面向对象的系统开发过程如图1-5所示。

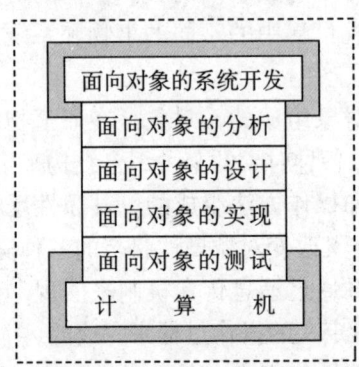

图1-5　面向对象的系统开发过程示意

4. 面向对象开发方法的特点

面向对象开发方法以对象为基础,利用特定软件工具直接完成从对象客体的描述到软件结构之间的转换。其主要优点是:

(1) 采用全新的面向对象思想,使得系统的描述及信息模型的表示与客观实体相对应,符合人类的思维习惯,有利于系统开发过程中用户与开发人员的交流和沟通,缩短开发周期,提高系统开发的正确性和效率。

(2) 面向对象技术中的各种概念和特性,如继承、封装、多态性及消息传递机制等,使软件的一致性、模块的独立性以及程序的共享和可重用性大大提高,也与分布式处理、多机系统及网络通信等发展趋势相吻合,具有广阔的应用前景。

(3) 许多新型的软件中,采用或包含了面向对象的概念和有关技术,为面向对象的开发方法的应用提供了强大的技术支持。

但是,面向对象开发方法也存在着明显的不足。首先,必须依靠一定的软件技术支持;其次,在大型项目的开发上,具有一定的局限性,必须以结构化系统开发方法的自顶向下的整体性系统调查和分析作基础,否则,同样会存在系统结构不合理、关系不协调的问题。

1.5.4 计算机辅助软件工程方法

计算机辅助软件工程（Computer Aided Software Engineering，简称 CASE），原来指用来支持管理信息系统开发的、由各种计算机辅助软件和工具组成的大型综合性软件开发环境，随着各种工具和软件技术的产生、发展、完善和不断集成，逐步由单纯的辅助开发工具环境转化为一种相对独立的工程方法。

1. CASE 方法中的基本概念

在 CASE 方法中，首先必须了解以下基本概念：

CASE：计算机辅助软件工程。

CASE 技术：一种软件技术。为软件的开发、维护和项目管理提供一种自动化工程原理，包括自动化结构化方法和自动化工具。

CASE 工具：一种软件工具。对某个具体的软件生命周期的任务实现自动化（至少是某一部分的自动化）。

CASE 系统：一种集成的 CASE 工具。使用一个公共的用户接口，并在一个公共的计算机环境下运行。

CASE 工具箱：一组集成的 CASE 工具。用来协同工作以实现某个软件生命周期的阶段或某类具体的软件作业的自动化（或部分地实现自动化）。

CASE 工作台：一组集成的 CASE 工具，被设计用来协同工作以实现整个软件生存期的自动化（或提供自动化的辅助手段），包括分析、设计、编码和测试。

CASE 方法：一种"可自动化"的结构化方法。为软件的开发和维护整个过程或某个方面定义的一个类似工程的方法。

2. CASE 方法的基本思想

CASE 方法解决系统开发问题的基本思想是：结合系统开发的各种具体方法，在完成对目标系统的规划和详细调查后，如果系统开发过程中的每一步都相对独立且一定程度上彼此形成对应的关系，则整个系统开发就可以应用专门的软件开发工具和集成开发环境来实现。

系统开发过程中的对应关系，与所采用的具体系统开发方法有关。大致包括：SADT 法（结构化系统开发方法）中的业务流程分析（数据流程分析，功能模块设计，程序实现），业务功能一览表（数据分析、指标体系，数据、过程分析，数据分布和数据库设计，数据库系统等）；OOM（面向对象的开发方法）中的问题抽象（属性、结构和方法定义，对象分类，确定范式，程序实现等）。

在实际开发过程中，上述对应关系不一定完全一一对应，利用 CASE 方法开发的结果之间可能无法实现平滑的衔接，仍然需要开发人员根据实际进行修改补充等。因此，CASE 方法具有以下特点：

①实际开发一个系统时，必须根据所采用的开发方法，结合 CASE 工具和环境进行。

②作为一种辅助性的开发方法，CASE 可以为系统开发过程中的具体工作，如各类图表、程序及文档的生成，提供快速自动化的工具和途径。

③ CASE 环境的使用，改变了系统开发中的思维方式、工作流程和实现途径，与其他系统开发方法存在很大差别，因而称为一种方法论。

3. CASE 开发环境

CASE 作为一个通用的软件支持环境，它应能支持所有的软件开发过程的全部技术工作及其管理工作。CASE 的集成软件工具能够为系统开发过程提供全面的支持，其作用包括：生成用图形表示的系统需求和设计规格说明，检查、分析相交叉引用的系统信息，存储、管理并报告系统信息和项目管理信息，建立系统的原型并模拟系统的工作原理，生成系统的代码及有关的文档，实施标准化和规格化，对程序进行测试、验证和分析，连接外部词典和数据库。

为了提供全面的软件开发支持，一个完整的 CASE 环境具有的功能有：图形功能、查错功能、中心信息库、高度集成化的工具包、对软件开发生命周期的全面覆盖、支持建立系统的原型、代码的自动生成、支持结构化的方法论。

CASE 为系统的开发、维护和管理提供了一种计算机化的辅助手段。一个完善的 CASE 环境必须具有下列特征：

①能生成结构化图的图形接口。

②能存储和管理所有软件系统信息的中心信息库。

③共享一个公共用户接口的高度集成化的软件工具包。

④具有辅助每个阶段的工具。

⑤具有由设计规格说明自动生成代码的工具。

⑥在工具中实现能进行各类检查的软件生命周期方法论。

应当指出，规格说明语言、图形工具、建立系统原型的工具、词典、数据库管理系统、编译程序以及各类生成程序都是构成 CASE 环境的各种工具。所有工具都必须通过集成，才能形成完整的 CASE 环境。

CASE 环境示意如图 1-6 所示。

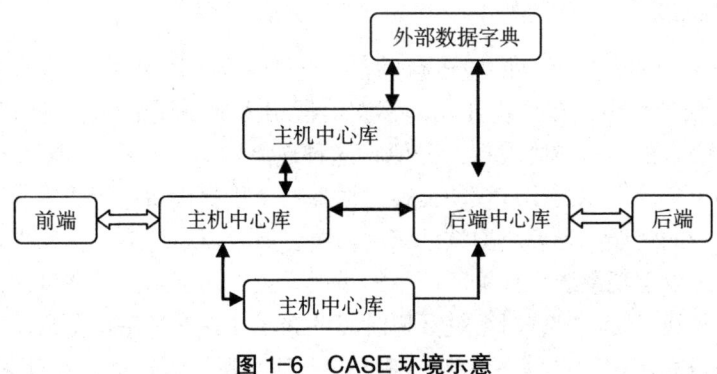

图 1-6 CASE 环境示意

4. CASE 工具

CASE 工具主要包括：画图工具，报告生成工具，数据词典、数据库管理系统和规格说明检查工具，代码生成工具和文档资料生成工具等。

这些工具集成在统一的 CASE 环境中，就可以通过一个公共接口，实现工具之间数据的可传递性，连接系统开发和维护过程中各个步骤，最后，在统一的软、硬件平台上实现系统的全部开发工作。

1.6 系统开发的指导思想和工作原则

1.6.1 管理信息系统开发常见的一些问题

1. 信息系统开发人员对需求的理解出现偏差

信息系统开发的基本过程是：首先各层管理人员即最终用户提出对信息的处理需求，系统分析员在充分理解这些需求的基础上进行系统分析，产生信息系统的逻辑结构，系统设计人员在这个逻辑结构的基础上进行系统设计，最后由程序设计人员按照设计结果进行程序设计产生一个新的信息系统。

系统分析员是在理解用户需求的基础上开展工作的，是否能真正理解用户的需求在很大程度上取决于分析员的基本技能和工作经验；系统设计的工作也是在理解系统分析结果的基础上进行的；程序设计工作仍然是在充分理解分析、设计的结果的基础上开展工作的。

由此可见，理解需求、理解前一阶段的工作成果是开发人员的工作基础，但这种理解往往受到开发人员对各种知识的掌握程度、开发经验、头脑的反应程度等条件的限制而存在偏差，进而产生问题，最后所开发出的信息系统与用户的需求相差甚远，最终导致系统开发的失败。

2. "堆栈"现象

信息系统的开发是分阶段进行的,每一个阶段都可能由于理解误差等引入错误。经验表明,在系统开发的不同阶段引入的错误的"潜伏期"是不同的,越早潜入的错误越晚发现。一般将这种现象称为"堆栈"现象。

从图1-7中可以看出,模块测试是对每一个程序模块进行测试,可以发现程序设计中的错误;当模块测试结束后,要将所有模块连接在一起进行综合系统测试,可以发现系统设计中所产生的错误;系统测试结束后便可以进入系统的试运行和运行阶段,这时系统分析阶段的错误才最终被暴露出来,而系统分析的成果是系统设计、程序设计的基础,一旦发现错误必将导致对系统设计、程序设计的修改,由此所带来的维护费用是巨大的,甚至导致系统的失败。

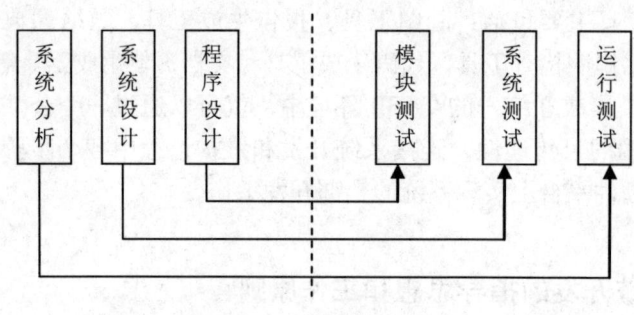

图1-7 "堆栈"现象

3. 重编程、轻规划、轻分析

信息系统的建设有其自身的发展规律,最初计算机作为信息处理工具往往被用在小型的、单项系统中,这些小型系统需求简单、功能单一,并且在开发过程中可以较少地考虑与外界的信息交换问题,因此系统开发人员很快就能进入程序设计阶段,生成这类信息系统,同时也积累了小型系统的开发经验,形成了一定的工作方法,这些经验和方法使得一些系统开发人员习惯于在接受任务时便"急功近利"地开始编制程序,并为自己的工作"沾沾自喜";但是,随着信息系统开发的不断深入,当需要将所开发出的单项系统连接起来发挥整体效益的时候,他们很快又会陷入深深的绝望之中,不知道如何协调各个单项系统之间的关系。

4. 当信息系统开发进度减缓时,采用增加人员的方式来加快进度

信息系统的开发过程有别于其他类型的工程,具有循序渐进的过程,大部分的工作是开发人员头脑思维的结果,对于一项拖延了时间的开发工作,增加人员不但不能加快开发步伐,反而更加拖延时间,同时也为协调这些人

员之间的工作增加难度。

5. 过低估计信息系统的投资而使开发工作夭折

信息系统的投资有些是可见的，如系统的硬件投资、系统软件的投资、应用系统的开发投资等；有些是不可见的，如在系统开发过程中管理需求发生变化所带来的修改费用，系统运行过程中为了满足不断变化的需求所必需的系统维护费用，以及管理方式的变化所必需的投资等。有人用"冰山"来比喻这一问题。露出水面的冰山显而易见，犹如可以预见的投资，而在水面下还有相当一大块的冰客观存在，这些不可预见的投资有时甚至要比可预见的投资更大。如果过低估计系统投资就有可能使得信息系统在其开发过程中夭折，所造成的损失则是巨大的。

由此人们围绕着信息系统开发的方法、质量、进度控制、成本以及系统的适应性等一系列问题进行了深入的思考。一方面，人们深入考虑信息处理的规律后认为信息系统的研制更应重视对"客观世界对象——信息系统"本身的研究，应该重视信息系统与相应的软件之间的关系的研究，把注意力从软件结构的单纯研究转移到以客观世界对象结构及它同软件关系的认识为指导来促进对软件结构的研究上来。另一方面，人们从"方法"本身进行了考虑，发现之所以系统开发的质量很大程度上取决于人的素质和个人的经验，是因为系统开发方法本身还缺乏一套严格的理论基础，以及缺乏一套简单有力的开发工具。因而应在重视信息系统开发基础科学理论研究（方法论）的同时，还应注重对简单有效的开发工具及语言的研究和开发。因为系统开发方法学和开发技术只有在有效的工具和合适的语言的支持下才能得到很好的、充分有效的贯彻实施。

总之，在信息系统开发过程中，要注重采用正确的开发方法和有力的开发工具，选用适当的语言来支持系统的开发。

1.6.2 管理信息系统开发的指导思想和工作原则

信息系统的开发除了要严格区分工作阶段外，还要运用系统的方法，在正确的思想指导下，自顶向下地完成开发工作。信息系统开发的基本原理和前提论述如下。

1. 数据位于现代数据处理的中心

借助各种数据系统软件，对数据进行采集建立和维护更新。这些数据是数据处理的核心，可以对这些数据进行加工处理，生成各类单据对这些数据进行汇总，分析形成图表和报告；对这些数据进行再组织和分析，提供辅助决策信息；通过数据系统软件，实现对这些数据的信息查询；审计员可以对这些数据进行审计，以确保这个核心的正确性。详见图1-8所示。

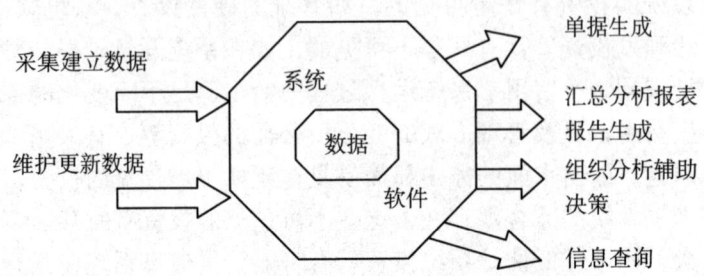

图1-8 数据位于现代数据处理的中心

2. 数据模型是稳定的，处理是多变的

在一个企业或组织中，它的总目标一旦确定，围绕着实现这个总目标的数据类也就基本确定。数据实体的类型是不变的，除了偶尔少量地增加几个新的实体外，变化的只是这些实体的属性值。例如，工厂的系统目标是生产适销对路的产品，围绕这个目标的数据类可以有产品、材料、零部件、职工、财务等；学校的目标是培养人才，相应的数据类可以有学生、课程、教师、教室、财务等；交通运输企业的目标是提高货物装卸效率、缩短货物的周转周期、提高企业效益，与此相对应的数据类有货物、货主、车、船、货场、职工等。只要企业或组织的目标不变，这些数据实体的类型很少发生变化。这样可以用一种方法来表达这些数据实体的逻辑结构，即建立稳定的数据模型。这种模型是企业或组织所固有的。问题是如何把它们提取出来、设计出来。数据模型是信息系统开发坚实的基础。虽然数据模型是相对稳定的，但这些数据实体的属性值的处理却经常发生变化。只有建立了稳定的数学模型，才能使业务变化被信息系统所适应。

3. 用户参与开发

在企业或组织中，从高层领导到各级管理人员都是系统的用户，他们最终通过系统存取、处理、利用数据，是系统的最终用户（End User）。他们最了解业务和管理上的信息需求，所以从系统开发的开始到运行的每一阶段都必须有用户参与；否则，系统开发人员独立工作，系统开发的成功与否要到开发工作结束，进入系统试运行阶段才能得以验证。如果证明系统是失败的，则失败的结果无法挽回。现在要改变这种开发方式，让用户自始至终地参与系统开发工作。作为承担系统开发的数据处理部门要培训、组织、联合用户开发，这就是信息中心的重要职能。当然，为了让用户参与开发工作，修改、维护信息系统，必须采用与用户充分友好的第四代语言和一系列开发工具，从而提高系统开发的自动化程度。像目前流行的 Visual Basic、Delphi、Visual FoxPro、Java、Power Builder 等面向对象的程序设计语言和开发工具就能很好地适应这种开发需求。

从上述的基本原理和前提出发，在信息系统开发过程中必须强调以下几个基本观点：

第一，面向用户的观点。信息系统最终是为广大最终用户服务的，系统使用者是高层领导和各层管理人员。因此，信息系统成功的标志是看它能否满足用户所提出的各类信息需求，看用户对其是否满意而不是信息系统开发研制人员对其是否满意。由于信息系统开发人员和用户所处的角度不同，他们对系统的侧重面也有所不同。信息系统的研制人员往往注重的是计算机的使用效率而不是用户使用的效率，这两种效率虽然有着密切的联系，但却是有区别的。

例如，一份月统计报表的打印输出处理方式是边统计边打印且假设需要半个小时。从计算机处理的角度来看，效率较低；但从用户的角度来看，如果他原来做同样的统计报表需要一至两天的话，那么半个小时的报表统计打印对用户来说效率就不算低了，所以用户的时间尺度与计算机的时间尺度相差甚远。反过来，假如在这份统计报表的输出过程中充分考虑了计算机的效率，但输出数据的数量很大，并且输出格式也与用户的需求不相适应，那么从用户的角度来看，他需要从这些大量数据中寻找所需要的那一部分，并且又要重新安排报表格式，用户就会认为这份报表的输出效率不高，将来也不愿意使用这个功能。因此，信息的开发应该按照用户的要求，恰到好处地为用户提供信息服务。

另外，从经济上考虑，某些时间要求很高的系统（如飞机订票），为了提高一分钟的响应时间，用户会愿意多投资来提高系统效率；而对于一些时间要求不是很高的系统，一个小时打印出报表和两个小时打印出报表对用户来说并没有什么区别，那么用户是不会愿意用投资来提前这一个小时的。

所以说，用户的需求或管理工作的要求是研制工作的出发点和归宿。信息系统开发人员必须在研制的整个过程中，始终与用户保持接触，不断让用户了解系统开发进展情况，及时校准研制工作的方向。如果在接受任务后，就不再与用户或管理人员接触，搞出系统后再一下子交给用户，十有八九所研制的系统不符合实际要求，是一个失败的系统。

第二，每个阶段规定明确的任务和所应得的成果。人们在实际开发工作中，最易犯混淆工作阶段的错误。系统开发人员常常热衷于编制程序，在没有充分搞清系统的需求之前就匆忙地考虑机器的选型、外设的配置、网络的方案、系统软件的选择等，匆匆忙忙地购置、安装、调试后就开始了程序的编制工作。这样做造成的后果是，一方面这些程序要不断地返工，可能会把程序改得面目全非；另一方面由于机型、设备等的配置过早，可能最终满足不了用户的管理需求，这样做不仅白白浪费了人力、物力和财力，而且同时也会把开发人员搞得晕头转向，不能集中精力去做应该做的事，其结果是花了几倍的时间、精力，还没有把应该做的事情做好。因此，无论是大型还是小型信息系统在其开发过程中都要严格区分工作阶段，明确规定每个阶段的任务和成果，并制定出各个阶段的目标和评价标准，以此来对阶段性成果进行评审，从而保证系统开发的质量。

第三，按照系统的观点，自顶向下地完成研制工作。对子系统开发人员来说，开发一个系统首先要认识这个系统，然后再设计这个系统。无论是认识还是设计，按照系统的观点，都要先考虑系统的全局，从全局出发，从高层入手，先了解宏观问题，弄清系统的边界、主要功能需求、主要组成部分及各个部分之间的连接关系，在保证全局的正确性、合理性的前提下，考虑各个组成部分内部的细节问题，即先全局后局部。这个认识和设计过程与由粗到细、由表及里的一般认识规律相吻合，因此是一条正确的开发原则。

第四，充分考虑变化的情况。在现实世界中，任何一个系统都要不断受到外界环境，如新的政策、法规、制度以及瞬息万变的市场需求的影响，信息系统也不例外。为了能够使自身立足于不断变化的社会环境之中，并求得生存和发展，系统内部的管理模式、管理内容等需要不断变化，这种变化必将导致对信息需求的变化，因而要求信息系统要能够快速适应这些变化。在计算机技术、通信技术等各种先进的科学技术飞速发展的今天，硬件价格不断下降、其功能和效率越来越好，各类系统软件、应用软件层出不穷且功能强大，人机界面越来越好，使得人们追求系统的更新换代与升级。这也必然引起信息系统的变化，要求信息系统要具有应付各种变化的适应能力。信息系统适应各种变化的能力的大小是用系统可修改性来衡量的。可修改性越高，系统的适应性越强。这是衡量信息系统优劣的标准之一。

第五，工作的成果要成文，文献资料的格式要规范化、标准化。信息系统开发的各个阶段性成果是由一系列文档资料组成的。这些文档资料记录了开发人员的思维过程，记录了开发的轨迹。它们是系统开发人员与用户交流的媒介，是各个阶段之间的黏合剂，是开发人员工作交接的纽带，是开发过程的唯一可见物。因此，必须充分重视文档资料的建立、修订和保管工作。由于各个阶段的文档资料是在所有开发人员共同努力下完成的，为了能够充分发挥文档的作用，这些开发人员必须在一个统一的规范和标准的制约下完成文档的建立任务，同时也必须在严格的制度保证下做好文档的修订和保管工作。只有这样才能为提高信息系统的适应性提供可靠的保证。

根据以上这些原理和观点，人们提出了各种工具用来表达和交流思想、记录工作成果，从而形成了一整套的信息系统开发方法，并在这一正确的方法指导下，从事信息系统的开发工作。

复习思考题

（一）名词解释
1. 管理信息系统
2. 结构化系统开发方法
3. 面向对象开发方法

（二）简答题
1. 结构化系统开发方法包含哪些阶段？
2. 原型法有哪些特点？什么情况下适合使用原型法？
3. 什么是面向对象开发方法？它与结构化系统开发方法比较有何优点？
4. 信息系统开发中容易出现哪些问题？
5. 如何理解数据是稳定的，处理是多变的？具体项目开发中应如何体现？

第二章 管理信息系统的技术基础

管理信息系统是基于管理和计算机的系统，同时也是基于网络的系统。管理信息系统的技术基础主要包括计算机系统、网络技术、数据库技术和科学管理等几个方面的内容。

2.1 计算机系统

计算机系统包括计算机硬件和计算机软件两部分。计算机硬件是机器的可见部分，是计算机系统工作的基础；计算机软件帮助用户使用硬件以完成数据的输入、处理、输出及存储等活动。

2.1.1 计算机体系结构

1. 单机结构

如果在一个系统内每台计算机的使用是各自独立的，这样的系统就是单机结构的系统。单机结构中的计算机处于各自为政的孤立状态，各自运行一套系统软件、应用软件和业务数据。单机结构的计算机之间不能直接交流信息，它们之间的通信只能靠磁盘、磁带等介质备份来完成。这种分散式结构使得各个部门即使拥有各自的单机信息处理系统，也无法联合构成一个统一的综合的管理信息系统，这就形成了一个个"信息孤岛"，各部门不能充分利用计算机来进行协调和合作。

2. 主机/终端结构

主机/终端结构采用集中式处理方式，提高了信息处理的效率，降低了系统费用，易于管理控制，也能够保证数据的安全性和一致性。在早期的计算机系统中主机/终端结构系统曾风靡一时。它有一台大型主机，可以同时接数台或数十台终端机。所有的文件都存储在主机的磁盘中，程序也在主机上运行。主机对各终端机用户传来的数据进行分时处理，使每个终端用户感觉像拥有一台自己的大型计算机一样。终端只是一种数据输入输出设备，没有CPU（运算器和控制器）和存储器，只是负责将用户键盘输入的信息传到主机，然后输出由主机返回的处理结果。但由于程序运行和文件访问都在主机上，用户完全依赖于主机，一旦主机出现故障就会使所有用户受到影响。由于许多用户共享一台主机，主机要同时处理来自各个终端的数据，这样可能造成主机的负荷过重。系统的性能主要取决于主计算机的性能和通信设备的速度。

3. 文件服务器／工作站结构

在文件服务器／工作站系统中，多个工作站与一台服务器互相连接起来。一般以一台高性能微机或小型机作为服务器。所谓工作站实际上就是一台PC机，当它与文件服务器连接并登录后，可以到文件服务器上存取文件，得到所需的文件后在工作站上运行。数据库管理系统安装在文件服务器上，而数据处理和应用程序分布在工作站上，文件服务器仅提供对数据的共享访问和文件管理，没有协同处理能力。

文件服务器管理着网络文件系统，提供网络共享打印服务，处理工作站之间的各种通信，响应工作站的网络请求。工作站运行网络应用程序时，先将文件服务器的程序和数据调入本机内存之中，运行后在本机上输出或在打印机上输出。文件服务器的处理方式会增加网络线路的传输负荷，降低网络传输的效率和响应时间，很容易造成网络阻塞。

4. 客户机／服务器结构

在客户机／服务器（Client/Server，简称C/S）结构中，客户机是一台PC机或工作站，负责与使用者沟通。服务器可以是提供网络控制功能的任何规模的计算机。这种结构不同于传统文件服务器／工作站结构，主要区别在于对数据的处理分前台和后台。客户机完成屏幕交互和输入、输出等前台任务并向服务器提出请求，而服务器则完成大量的数据处理及存储管理等后台任务，为前台提供服务。

通常情况下，客户机只执行本地前端应用，而将数据库的操作交由服务器负责，以合理均衡的事务处理充分保证数据的完整性和一致性。客户机应用软件一般包括用户界面软件、本地数据库、文字处理软件和电子表格等。客户机的运作过程是：客户机将请求传送给服务器，服务器回送处理结果，客户机据此进行分析，然后送给用户。服务器分为数据库服务器、工作组应用服务器、电子邮件服务器、打印服务器等。

例如，我们想要由客户机上的前端应用程序查询某些相关数据，而服务器端此时如果是数据库服务器且有十万条记录将被搜寻，当服务器收到请求消息时即会到数据库中寻找该相关数据，找到后只送回前端的使用者所需要的记录，而并不是将整个十万条记录的庞大数据库全部都传回，这样才可降低网络负荷，从而提高整个系统的效率。

主机／终端结构的所有程序都在主机内执行，而文件服务器网络结构的所有程序都在客户端执行，这两种结构都不能提供真正的可伸缩应用的系统框架；而客户机／服务器结构则可以将应用程序分布在客户机和服务器之间，以提供更快、更有效的应用程序性能。通过客户端和服务器端的最佳分工合作，使整个系统达到最高的效率。

5. 浏览器／服务器系统结构

浏览器／服务器（Browser/Server，简称 B/S）结构，是随着互联网（Internet）技术的兴起，对客户机／服务器结构的一种变化或者改进的结构。在客户机／服务器结构中，大量的应用程序都在客户端进行，每个客户机都必须安装应用程序和工具。系统的灵活性、可扩展性都受到很大影响。在浏览器／服务器结构下，用户界面完全通过 WWW 浏览器实现，一部分事务逻辑在前端实现，但是主要事务逻辑在服务器端实现，形成所谓三层结构。浏览器／服务器结构，主要是利用了不断成熟的 WWW 浏览器技术，结合浏览器的多种 Script 语言（VBScript、JavaScript）和 ActiveX 技术，用通用浏览器就实现了原来需要复杂专用软件才能实现的强大功能，并节约了开发成本，是一种全新的软件系统构造技术。随着 Windows 98/Windows 2000 将浏览器技术植入操作系统内部，这种结构更成为当今应用软件的首选体系结构。显然，B/S 结构应用程序相对于传统的 C/S 结构应用程序，是个巨大的进步。

2.1.2 计算机及外围设备

1. 常用的计算机类型

（1）微型计算机。微型计算机是终端用户最重要的计算机，可分为台式计算机、便携式计算机及服务器三类。台式计算机是管理信息系统中使用最普遍的计算机，是进行输入输出、分布式的数据处理、存储等的基本单元，在网络中作为客户机使用；便携式计算机方便人们在外出时和移动中使用；服务器是高档高配置的专用微型计算机，采用多 CPU 结构，并配置了大容量的内存和硬盘，处理功能很强。

（2）工作站。工作站是一种功能极强的微型计算机，有很好的联网能力，还具有很强的图形化处理功能。其运算速度比微机快，一般用于图像处理、计算机辅助设计等专业领域。

(3) 小型机。小型机一般可以满足部门级或中型企事业单位的需要，如 AS/400、DEC 公司的 VAX 系列等。

(4) 大中型机。大中型机具有很强大而齐全的功能，运算速度为每秒几千万次，存储容量大，可连接数百至数千个终端同时工作。大型机主要用于大型商场、企业集团、银行、航空公司订票系统、国民经济管理部门等。

(5) 小巨型机。小巨型机是新发展起来的小型超级计算机，它是巨型机小型化的结果，其性能与巨型机相似，而造价比巨型机低得多，具有很好的性能价格比。

(6) 巨型机。又称为超级计算机，它具有极高的性能和速度，其运算速度在每秒一亿次以上，最快可达几千亿次。多用于尖端科技领域。生产这类计算机的能力可以反映一个国家的计算机科学水平。我国是世界上有能力生产巨型机计算机的少数国家之一。

2. 计算机外围设备

计算机由主机和外围设备组成。主机包括中央处理机 CPU（运算器和控制器）、主存储器。外围设备包括输入设备、输出设备和外存储器。

(1) 输入设备。给计算机输入数据和指令的方法有：键盘、指示器、光输入设备、磁输入设备和语音识别输入装置。利用这些设备可以将源数据快速而准确地输入，甚至实现自动的数据输入，保证进入数据库的数据具有正确性和实时性。

(2) 输出设备。信息输出的方式主要包括显示输出设备、打印输出设备、图形输出设备和语音输出装置。有效地利用这些设备可以适合各种用户的不同需求。

(3) 存储设备。存储设备是一种特殊的 I/O（输入输出）设备，包括系统备份设备、主外存设备等。服务器常常需要按要求配置独立的、专用的存储设备。由于这些外存设备一般用作存储或备份整个网络上的系统软件、应用软件和共享数据，当出现故障，引起整个网络瘫痪时，主机中的重要的数据就可能面临丢失的风险，因此存储设备受到特别的重视。

2.1.3 软件技术基础

1. 计算机软件的概念

计算机软件是支持计算机运行的各种程序，以及开发、使用和维护这些程序的各种技术文档的总称。程序是以某种形式的计算机语言（机器指令、C 语言、C++ 语言等）表达的解决某种问题的步骤或顺序。文档是描述程序操作及使用的有关资料；没有各种文档，程序设计人员就无法对软件进行更新、改造、完善，用户就无法正确地使用、维护软件。从广义上讲，软件应包括程序、相应的数据以及有关的知识和文档三部分。数据是指程序正常加工信息所需要的原料。程序是软件的主体，是可执行的部分。程序由算法和语言组成。

2. 计算机软件的种类

按照不同的原则和标准，计算机软件有不同的划分种类。从应用的角度出发，可将软件划分为系统软件和应用软件两大类。

（1）系统软件。系统软件是指对整个计算机系统进行管理、调度、监控和维护的软件，是为其他程序提供服务的程序集合。其主要功能是：简化计算机操作，充分发挥硬件性能，支持应用软件的运行并提供服务。系统软件主要包括操作系统、语言处理程序、服务性程序、数据库管理系统、网络通信管理程序等。

操作系统是一组具有管理和控制功能的、能够合理地组织计算机的工作流程，以提高计算机系统的工作效率，方便用户使用计算机的程序的集合。操作系统是用户与计算机的接口，任何用户都是通过操作系统使用计算机的，也只有在有了操作系统之后，用户才能非常方便地使用计算机。

语言处理程序主要是指各种高级程序设计语言的解释程序和编译程序。其功能是：把用高级程序设计语言编写的源程序"翻译"成计算机可直接执行的目标程序。

服务性程序包括用户程序的装入程序、连接程序、编辑程序、对机器实施监控与故障诊断程序等。它是进行软件开发和维护工作中使用的一些软件工具。

数据库管理系统是为管理和操纵数据库而设计的软件系统。

网络通信管理程序是用于计算机网络中的通信管理、控制信息的传送和接收的软件。

（2）应用软件。应用软件直接面向用户、为用户服务，是为解决各类应用问题而编写的程序。一般包含实用程序和工具软件两类。

实用程序是指根据特定用户解决某一具体问题而开发的程序，如订票系统、图书情报检索系统、档案管理系统、辅助教学软件等。

工具软件是为了方便用户而提供的软件工具，如文字处理软件 Word、图形处理软件 AutoCAD、系统维护软件 Norton 等。

2.2 计算机网络技术

计算机网络是管理信息系统的基础。由于一个企业或组织中的信息处理都是分布式的,把分布式信息按其本来面目分布在不同位置的计算机进行处理,并通过网络把分布式信息集成起来,是管理信息系统的主要运行方式。因此,计算机网络技术是管理信息系统的基本技术。

2.2.1 计算机网络

1. 计算机网络的概念

计算机网络是把分布在不同地理位置的计算机及通信设备用传输介质连接起来,并配以相应的网络软件所构成的系统。计算机网络是计算机及相关外部设备组成的一个群体,其中计算机是网络中信息处理的主体,网络中的每台计算机既是网络中的一个节点同时又是一个独立的实体,它们必须遵守共同的网络协议,通过传输介质来实现数据通信和资源共享及分布式处理。

2. 计算机网络的组成

计算机网络大体上可以划分为两个部分:资源子网和通信子网。

(1) 资源子网

实现联网信息处理功能的部分称为资源子网。资源子网一般由主计算机系统、终端、监控设备、联网外设等组成。资源子网负责全网的数据处理和向网络用户提供网络资源及网络服务等。

(2) 通信子网

完成数据通信功能的部分称为计算机网中的通信子网。不同类型的网络,其通信子网的物理组成各不相同。局域网最简单,它的通信子网由传输介质和主机网络接口板(网卡)组成。在广域网中,通信子网除了包括传输介质和主机网络接口板之外,还包括一组转发部件。这里所谓的转发部件是一种专用计算机,它连接两条或更多的传输线,负责主机之间的数据转发,相当于电话系统中的程控交换机。

把网络中通信部分的子网和以主计算机为主体的资源子网分离开,这是网络层次结构思想的重要体现,可使整个计算机网络的分析和设计大为简化。但是,这种划分方法也存在一个明显的缺陷,就是没有把网络结构与协议层次结合起来。所以容易造成一种误会,似乎资源子网中的主计算机不参与任何通信操作,这显然是不符合事实的。

3. 计算机网络的功能

(1) 数据通信

随着 Internet 在世界各地的风行，传统的电话、电报、邮递通信方式受到很大冲击，电子邮件已为人们广泛接受，网上电话、视频会议等各种通信方式正在迅速发展。数据通信是计算机网络最基本的功能。该功能用于实现计算机和计算机、计算机与终端之间的数据传输。

(2) 资源共享

资源共享是指网上的用户能部分或全部地享用系统中的资源，从而大大提高系统资源的利用率。共享的资源包括软件资源、硬件资源和数据资源。

(3) 分布式处理

在具有分布式处理能力的计算机网络中，当网络中某台计算机负荷过重时，网络操作系统自动完成对多台计算机的协调工作，将任务分布到多台计算机上进行处理，使各台计算机的负载平衡，从而提高每台计算机的可用性及计算机的处理能力。

4. 计算机网络的分类

(1) 按覆盖地域范围的大小，网络可分为局域网、广域网和城域网

①局域网。局域网覆盖有限的区域，通常是数公里之内的计算机连成的网络。常用于一幢大楼内或紧邻的楼群之间的通信。局域网的传输速率通常为 10～100MbpS。目前 1000M 以太网正在校园网和企业网中广泛使用，如部门级网、校园网、园区网等。

②广域网。广域网是广大地域的网络。广域网要使用公共的通信系统，利用各种通信设施覆盖广大的地理区域，如长途电话、卫星传输、电缆等。Internet 可以视为世界上最大的广域网。广域网的实现，都是按照一定的网络体系结构和相应的协议进行的。为了实现不同系统的互连和相互协同工作，必须建立共同的网络体系结构和协议标准。国际标准化组织（ISO）为此于 1979 年提出了开放系统互联（OSI）参考模型，国际上一些权威组织也制定了相应的一系列国际标准协议，这些协议对于广域网的实现、建立和应用有重要的指导作用。

③城域网。城域网介于局域网和广域网之间，它的大小通常是覆盖一个地区或城市。城市区域网采用的是局域网技术。

(2) 按数据传输方式，计算机网络可以分为两类：广播式网络和点到点式网络

①广播式网络。在广播式网络中，所有联网的计算机共享一个公共通信

信道；在任一时间内只允许一个节点使用公共通信信道，当一个节点利用公共通信信道"发送"数据包时，其他节点都能"收听"到这个数据包。发送的数据包中含有目的地址和源地址，接收到数据包的计算机检查数据包中的目的地址是否与本计算机的地址相同，如果地址相同，则将数据包接收，否则将丢弃该数据包。

②点到点式网络。在点到点式网络中，每条物理线路连接一对节点。如果两个节点之间没有直接连接的物理线路，则它们之间的通信只能通过其他中间节点进行接收、存储、转发，直到将数据送到目的地。由于连接计算机之间的线路的复杂性，造成从源计算机到目的计算机之间可能存在多条路由，所以，在点到点式网络的通信协议中必须要有路由算法。

2.2.2 局域网的拓扑结构

网络拓扑结构是指网络中节点互相连接的方法和形式。局域网中常用的主要网络拓扑结构有：总线形、星形、环形结构（如图 2-1 所示）。

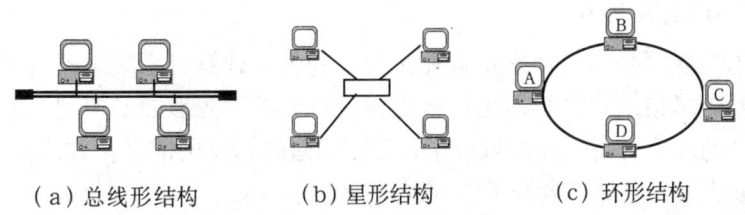

（a）总线形结构　　（b）星形结构　　（c）环形结构

图 2-1　网络拓扑结构

1. 总线形结构

在总线形结构网络中，所有的节点都通过硬件接口连接在一条公共的电缆线上，如图 2-1(a) 所示。总线形结构的优点是：结构简单；用的电缆较少，网络连接成本较低；易于布线，安装容易。总线形结构的缺点是：网络线路对整个系统影响较大，由于总线是所有工作站共享的，一旦总线发生故障将会影响到所有用户，使整个网络瘫痪；故障诊断和隔离困难，总线形结构不是集中控制，发生故障时需要在网上各个站点进行检测。

由于总线形结构网络所有节点共享一条公用的数据传输链路，所以在任一个时间段，它只能被一个设备占用。为使工作有序，通常采用具有冲突检测的载波侦听多路复用（CSMA/CD）的访问方式，决定下一次哪个站点可以发送数据。

2. 星形结构

在星形拓扑结构网络中，有一个中央节点——集线器，它与所有其他节点直接相连。任何两节点之间的通信都要通过中心节点，中心节点控制网络的通信，如图 2-1（b）所示。星形拓扑结构简单，易于实现，便于管理；每个连接只接入一个设备，当连接点出现故障时不会影响整个网络；由于每个站点直接连接到中央节点，因而故障易于检测和隔离，可以很方便地将有故障的站点从系统中拆除。但是，网络的中心节点是全网可靠性的瓶颈，中心节点的故障可能造成全网瘫痪。

3. 环形结构

在环形拓扑结构网络中，所有的计算机用公共传输电缆组成一个闭环，数据将沿环的一个方向逐站传送，如图 2-1（c）所示。环形拓扑结构简单，传输延时确定。但环上节点增多时效率下降，负载能力较差。环中任何一个节点出现线路故障，都可能造成网络瘫痪。为保证环的正常工作，需要较复杂的环维护处理，环节点的加入和撤出过程都比较复杂。

2.2.3 广域网技术

所谓广域网是指将地理位置相距较远的多个计算机系统通过线路连接起来实现数据通信的计算机网络，或者说是将分散于各地的局域网互联而形成的跨地区的大型网络。在广域网中，数据通过通信子网的交换方式分为两类：线路交换方式、存储转发交换方式。

1. 线路交换方式

线路交换方式与电话交换方式的工作过程很类似。两台计算机通过通信子网进行数据交换之前，首先要在通信子网中建立一个实际的物理线路连接。线路交换过程如图 2-2 所示。

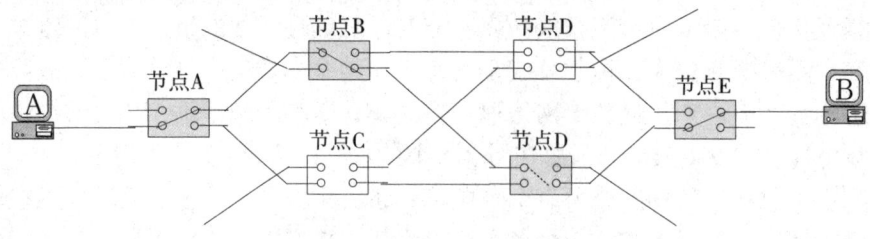

图 2-2　线路交换方式的工作原理

2. 存储转发交换方式

在进行线路交换方式研究的基础上，人们提出了存储转发交换方式。存储转发交换方式将发送的数据与目的地址、源地址、控制信息按照一定格式组成一个数据单元（报文或报文分组）进入通信子网；通信子网中的结点是通信控制处理机，它负责完成数据单元的接收、存储、差错校验、路由选择和转发功能。

存储转发方式的优点主要有：由于通信子网中的通信控制处理机具有储报功能，因此多个报文或报文分组可以共享通信信道，提高了线路的利用率；通信子网中通信控制处理机具有最佳路由选择功能，提高了系统通信效率；报文或报文分组在通过通信子网中的每个通信控制处理机时，均要进行差错检查与纠错处理，因此可以减少传输过程中的错误，提高了系统可靠性；通信控制处理机，可以对不同通信速率的线路进行速率转换，也可以对不同的数据代码格式进行变换。

2.2.4 网络连接器件和设备

1. 网络适配器

网络适配器，又称为网络接口卡或网卡（Network Interface Card，简称NIC）。它是计算机连接通信介质的接口，插在相关的设备中。它的主要功能是实现物理信号的转换以及执行网络协议。由于网络的体系结构、传输介质和访问方式等各不相同，使得网卡的种类繁多、功能差异很大。对于文件服务器，因其处理速度直接影响整个网络的脑控能力，所以应该尽可能使用好的网卡。

2. 中继器

（1）用途

中继器是物理层互联设备，对信号起放大再生作用，可以延长缆线的长度，但是中继器不过滤通过的任何信号。

（2）基本功能

根据传输介质和网卡的技术规范，总存在一个最大的传输距离，称为网段。当实际长度超过网段规定时，便需在中间加装中继器，把衰减的信号加以放大和整形，使其恢复为标准信号后，再传送到下一个网段。

（3）种类

中继器有单路中继器和多路中继器之分。前者只能扩接一个网段，后者可将多个网段连接成一个网络。

3. 集线器

集线器（Hub）亦称集散器。

(1) 用途

它是一种物理层的互联设备，以星形形式连接多个计算机或其他设备的网络连接设备。

(2) 基本功能

在局域网络中，这种设备常常使用双绞线连接各个入网设备，集线器可将不同缆线（如双绞线，或同轴电缆，或光缆连接的网段）的网段互联。

(3) 种类

集线器分为无源、有源、智能和交换四种形式。

①无源集线器：只把多段网络传输介质连接在一起，允许信号通过，不对信号作任何处理，因而所连接的介质长度只有最大有效长度的一半。

②有源集线器：对网络介质上的信号有再生和放大作用，因而所连接的介质长度可以达到最大有效长度。

③智能集线器：除具有有源集线器功能外，还具有网络管理功能，接受网络管理系统的管理，并具有把有故障的通信口自动切换到备用通信口的能力。

④交换集线器：亦称交换机，是具有线路交换能力和网络分段能力的智能集线器。推出交换机是为了在提高原有网络性能的同时，又保护原有投资、提高网络响应速度和负载能力。

4. 网桥

(1) 用途

网桥是数据链路层的互联设备，用于多个局域网之间的数据存储和转发。它只要求互联网络的操作系统相同，具有相同的协议；可以将不同传输介质以及不同访问方法的网络互联起来。网桥适合于局域网之间和广域网之间的互联。

(2) 基本功能

①扩展网络：网桥具有中继器的所有功能，即有在各种介质中放大转发数据信号的功能，从而扩大网段范围。

②通信分段：网桥对转发的数据信号具有寻址和路径选择的逻辑功能。它只把另一网络需要的信号转发给它，而不是所有信号。这种功能是中继器所不具备的。

5. 路由器

(1) 用途

路由器（Router）是网络层的互联设备，提供各种类型、各种速率的链路或通信子网接口。适合于局域网之间和广域网之间的互联。

(2) 基本功能

路由器能够根据网上信息的拥挤程度，自动选择合适的线路传送信息。可对收到的数据分组进行过滤、转发、加密、压缩等处理。包括配置管理、容错管理、性能管理。路由器可连接各种广域网。

(3) 类型

①单协议路由器：只能应用于特定的协议环境，仅作为短期的低成本解决方案来使用。

②多协议路由器：支持多种协议，可任意设定某一特定协议有效或禁止，应用灵活。

6. 网关

(1) 用途

网关（Gateway）是网络高层互联设备。适合于局域网之间和广域网之间的互联。

(2) 主要功能

容纳不同网络间的各种差异，对互联网间的网络协议进行转换。可对数据重新分组，执行报文存储、转发功能，实现网络间的通信。支持互联网之间的网络管理。

2.2.5 Internet 和 Intranet

1. Internet

Internet，又称国际互联网络，是全球性的互联网络。组网的技术主要是基于 TCP/IP 协议网络互联技术。Internet 源于美国国防部高级研究计划署（ARPA）1969 年建立的 ARPANET。这一军用计算机实验网络的目标，是把不同类型的计算机互联成为网络，并要求一部分遭破坏时整个网络仍能工作。1974 年，TCP/IP 协议研制出来后，成为 Internet 的核心协议。后来 ARPANET 向社会全面开放，使得它在很短的时间内迅速地从学术界的网络演变为使用于各领域的全球性网络。由于 Internet 的开放性，以及它具有的信息资源共享和交流的能力，从一开始就显示出了强大的生命力，吸引了广大的用户。

Internet 技术主要包含以下几个方面。

(1) Internet 采用了 TCP/IP 这一开放式的大众化的协议，这是目前唯一可以和网络上各种计算机连接的通信协议。

（2）提供了当今时代广为流行的建立在 TCP/IP 协议基础之上的 WWW（World Wide Web）浏览服务。

（3）采用了 DNS 服务器域名系统，巧妙地解决了计算机和用户之间的"地址"翻译问题。

2. Intranet

Intranet 一词，是 Intra 和 Network 的组合，可以把 Intranet 理解为企业内部的 Internet，一般称为企业内部网。它是在统一行政管理和安全控制管理之下，采用 Internet 的标准技术和应用系统建设成的企业内部的信息管理和交换平台。

从功能上来看，除了具有 Internet 已有的各种功能之外，企业信息的共享和交换往往具有多种安全控制的需要，Intranet 最重要的特点是网络安全功能和企业多种应用信息系统的功能。Intranet 除了能提供 Internet 上提供的基本服务（例如：DNS、E-mail、WWW、FTP 等）外，还应增添企业计算机应用需要的一些功能，如数据库系统、事务处理，以及 CAD（计算机辅助设计）、GIS（通用信息系统）等应用。

2.3 数据库技术

随着科学技术和社会生产力的发展，对数据处理技术提出了新的更高的要求。数据库技术就是适应这个要求于 20 世纪 60 年代中期出现的。经过数十年的发展，数据库技术日趋成熟并得到了空前的普及。目前，在政治、经济、军事、企业管理、生产管理、人事管理、图书资料、文献档案检索等诸多领域都已有了广泛的应用，成为广大科技工作者和管理人员的得力助手和重要工具，在现代信息社会中扮演着十分重要的角色。

2.3.1 数据库概述

1. 数据库的定义和特征

数据库是被存储起来的数据及数据间逻辑关系的集合体，它通过数据库管理系统（DBMS）对其进行建立、存取和维护，并为用户提供有效服务。数据库管理方式克服了数据文件管理方式的弊端，它具有如下一些主要特征：

（1）数据独立

数据独立是指数据的存取独立于使用它的程序。文件系统的一个重要缺点是数据的存取方式与应用程序密切相关。当数据需要扩充或减少时，必须相应地修改程序，造成时间和人力的极大浪费。而在数据库方式下，各应用程序一般不再与具体物理存储器上的某一数据文件相对应，它们各自对应于一个逻辑数据文件。这些逻辑数据文件通过数据库管理系统软件同存储器上的实际存储的数据建立联系，从而使数据与应用程序相对独立。数据独立提高了数据库应用程序的稳定性。数据库中的数据在进行了增、删、修改等处理后，一般无须改动应用程序，从而提高了整个数据库应用系统的工作效率。

（2）最小的数据冗余

数据冗余是指数据被重复存储。在文件管理方式下，数据文件是通过各自的应用程序建立的，不同的用户即使有许多数据是相同的，也只能各自存储自己所需要的数据。因此造成存储的数据大量重复，这样既浪费了大量的存储空间，也使数据的修改变得十分困难。在数据库中，存储结构不用于一般文件系统的存储结构。数据库数据的特点是各种记录型之间彼此有联系，数据是结构化的。数据的存储结构不仅涉及每种记录型的记录如何存储，而且要使数据的存储反映各种记录型之间的联系。数据库的这种存储结构实现了数据存储的最小冗余。

（3）实现了数据共享

数据库中的数据允许不同的用户使用，也允许多个用户同时存取数据而互不影响。目前，在许多计算机网络中建立的数据库系统，允许多个用户按照各自的权限使用同一数据库中的数据，实现了数据资源的多用户共享，提高了数据的利用率。

（4）数据的安全性

数据的安全性是指采取相应的措施防止非法存取及恶意破坏数据，以保证数据的完整性和正确性。在数据库中，对用户是否属于非法或越权使用数据设有严格的检查措施，但规定了使用数据的规程，从而保证了数据的可靠性、完整性和正确性。

（5）便于用户使用

数据库管理系统设计了最接近用户的编程语言，使编程工作大为简化和容易进行；设计了丰富的数据统计功能，使操作更加简单。在数据库管理系统的支持下，计算机能够从繁杂的数据中以极快的速度向用户提供所需的信息，为用户的经营决策、业务处理、资料分析等工作提供了极大的方便。

2. 数据模型

数据模型是数据库系统中用于提供信息表示和操作手段的形式构架。目前，数据库管理系统通常采用的数据模型有三种基本类型，即层次模型、网状模型及关系模型。

(1) 层次模型

层次模型是层次式数据库所采用的数据模型，它是以树结构作为基本结构，通过树结构及树结构之间的逻辑关系来表示数据间联系的一种模型。层次模型反映了现实世界中实体之间的一对多关系。其数据间的逻辑关系如图2-3所示。这个体系是满足下列条件的基本层次关系的集合：有且仅有一个最高级的节点，叫作根；除根之外，所有节点都与一个且仅与一个比它高级的节点（父节点）相连接。

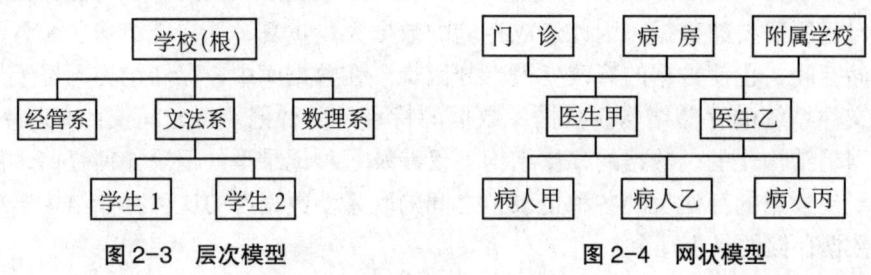

图 2-3 层次模型　　　　　　图 2-4 网状模型

在层次结构中，树的节点是实体，树枝表示实体间的关系。树中有唯一的一个节点向上没有联系，该节点就是上面所说的根节点；还有若干节点向下没有任何关系，把这些节点称为叶；其余节点称为中间节点。中间节点向上只与一个节点相关系，而向下可与多个节点相关系。习惯上，把上一层的节点称作"父"节点，而把下一层的节点称作"子"节点。从子节点到父节点的映象是唯一的，通过父节点可以找到其全部子节点，这也是层次式结构中存取节点的一个基本方法。

层次式数据模型是数据处理中发展较早和技术上比较成熟的一种数据结构。对于现实生活中反映具有层次关系的实体或需要区分主目和细目的文件，都可以采用这种模型来表示。层次模型的主要缺点是处理个别记录效率较低，尤其是处理最低层的个别记录。另外，数据库文件的维护较麻烦，尤其是当经常大量地执行增、删记录的操作时，需要对数据进行整理，更新数据库文件。

(2) 网状模型

网状数据模型反映了现实世界中实体间存在的较为复杂的关系。与层次模型不同，处于某一层次的实体不但可以有多个下层实体，而且它可同时归属多个上层实体。现实生活中往往由某些实体的多归属性形成网状结构，如

图 2-4 所示。其中，医生甲、医生乙既是门诊医生又是病房医生，还是附属学校的教师；病员甲、病员乙和病员丙由医生甲和医生乙两人负责治疗。

现实生活中多数网状结构比较复杂，复杂网状结构的数据处理也很烦琐，而且适合于这一网状结构的处理方法往往不适合于别的网状结构。实际上，在多数数据库系统中，复杂网状结构常常先转变为简单网状结构或层次结构来处理。

(3) 关系模型

关系式数据模型可以理解为一张二维表。关系模型的结构如表 2-1 所示。表格中的每一行代表一个实体，称为记录；每一列代表实体的一个属性，称为字段。实体的多方面特性可用多个数据项（字段值）组成。这样的二维表格也称作一个"关系"。关系具有如下性质：

①关系中的列是同性质的，称为属性或称为字段。用字段名来区分不同的属性。

②关系中不能出现相同的记录，记录的顺序无限制。

③每个关系都有一个关键字，它能唯一地标识关系中的一个记录。

④关系中列的顺序不重要。

表 2-1 关系表

学号	姓名	性别	年龄	班级	……
02080101	张三	男	19	信息 1 班	……
……	……			……	

关系式数据库是发展较晚的一种数据库，但由于关系式数据结构具有坚实的数学理论基础，简单、明了、直观、容易理解和掌握，因此，关系式数据库得到了非常广泛的应用。另外，由于层次式和网状式数据结构都可以通过一定方法转化为关系式数据结构，应用关系式数据模型来处理，因此，关系式数据库被认为是今后数据库的发展方向。

3. 数据库技术的发展

当前数据库技术已成为数据组织的主要方式，特别是关系数据库，由于它具有概念清晰、概念结构简单、语言一体化、能进行集合处理以及坚实的数学基础等特点，在数据库应用和研究中均占了主导地位，而且在计算机科学与技术、工程的开发与各类应用领域中发挥了重要的作用。

近年来，在数据库研究与实践领域，以数据库为基础的信息系统的应用范围也迅速扩展。与此同时，面向工程（CAD/CAM/CIMS）与办公的系统，以及地理信息系统等复杂应用也日益与数据库相结合。这些应用要求数据模型提供更丰富的抽象手段，更富于语义的表现力，更适合于直接表达用户对现实世界的认识，并适应不断变化的应用环境。另外，大规模集成电路的迅猛发展、计算机价格急剧下降和计算机网络技术与通信技术的发展，都促使计算机的应用从单机向联网应用发展，以达到更高度的资源共享。

多媒体技术仍将是计算机技术发展的重要方向。多媒体技术是将计算机系统中文版、图形、图像、声音、视频等多种信息媒体综合于一体进行编排处理的技术。多媒体技术的发展离不开多媒体数据处理技术。

数据通信技术的发展，计算机与通信技术趋向更高程度的结合会成为网络环境下的信息处理系统，特别是局域网和广域网技术的发展，不仅在一个组织内部，而且涉及分布在国内外的若干机构之间，都可以利用计算机网络通信实现远程数据库操作。

上述的各种非传统应用领域中，不仅数据本身的结构和存储形式各异，而且不同领域对数据处理技术的要求也比一般事务管理环境复杂得多，如要求数据库技术能定义和操纵新的数据类型或复杂对象，反映时间属性及版本管理，实施复杂的完整约束等，这些引出了面向对象的数据库及分布式数据库的研究。由于篇幅所限，就不在这里介绍了。

2.3.2 数据库管理系统

数据库管理系统是指对数据进行管理的软件系统。数据库管理系统是数据库系统的核心，它与数据库系统中的各个部分有着密切联系。对数据库的一切操作都是在数据库管理系统的控制下完成的。数据库管理系统的主要目的是使数据作为一种可管理的资源，从而使数据易于为各种用户所共享，增进数据的安全性、完整性和可用性，提高数据的独立性。同时，它也是用户的应用程序与物理数据库之间的桥梁。

1. 数据库管理系统的组成

（1）数据定义语言

数据定义语言用以定义数据库的各级数据结构及它们之间的映象，还包括各种完整性约束和安全性措施。依描述的对象不同，它可分为模式数据描述语言、子模式数据描述语言和物理数据描述语言。

模式数据描述语言描述全局的数据逻辑结构，给出各种记录类型的名字和特征，以及它们之间的关系。子模式数据描述语言描述局部的，即用户的数据逻辑结构。物理数据描述语言是将数据库模式映象到物理存储模式的语言，描述数据的物理存储方式。

（2）数据操纵语言

数据操纵语言为用户或应用程序访问数据库提供接口，它因数据库系统而异。但一般可分为独立式查询语言和嵌入式查询语言两大类。独立式查询语言可以独立使用，交互地对数据库进行操纵。它的特点是命令简单，使用方便，便于非程序员用户使用；但功能有限，需要专门的编译程序。嵌入式查询语言，不独立使用，而是嵌入到某种高级语言中使用。

（3）数据库运行控制系统

数据库运行控制系统是数据库管理系统的核心。它包含各种例行程序，主要有：

①存储控制例行程序，支持各种环境下由数据库管理系统或用户提出的对数据的存取请求；

②安全性控制例行程序，用于授权机制的管理控制；

③完整性控制例行程序，用于各种完整性校验与控制；

④事务管理例行程序，用于事务完整性控制与并发控制。

此外，还有恢复例行程序、监控例行程序、日志管理例行程序和通信控制例行程序等。

2. 结构化查询语言

结构化查询语言（Structured Query Language，简称 SQL）的理论于 1974 年提出，并在 IBM 公司的 System R 上实现。由于它功能丰富、使用方式灵活、语言简洁易学等优点，在计算机工业界和用户中备受青睐，很快得以推广。后来，SQL 成为关系数据库的标准语言，关系数据库系统一般都支持标准 SQL 语言。所以，尽管当今不同的关系数据库有这样或那样的差异，但人们都可以通过标准 SQL 语言对数据库进行操作，这就大大减轻了用户的负担。

（1）SQL 的优点

①完备性。SQL 虽被称为"查询语言"，其功能却不仅仅是查询，它的功能包括数据定义、数据操纵和控制三个方面，是一个综合、通用、功能强大的关系数据库语言。SQL 可以完成包括数据库定义、修改、删除、数据更新、数据查询等数据库生命周期中的全部活动，给用户使用带来很多方便。

②灵活性。SQL 有两种使用方式。一种是联机交互使用，另一种是嵌入某种高级程序设计语言的程序中。这两种方式的语法结构是统一的。这样既给用户带来了灵活的选择余地，又不会带来不一致的困扰。

③语言简洁，易学易用。与高级编程语言相比，SQL 对数据库的操作方面是非常有优势的。使用 SQL 的用户只需提出"做什么"，不用了解实现的细节，复杂的过程均由系统自动完成。

(2) SQL 的功能

①数据定义：用于定义和修改数据库对象，如 Create Table（创建表）、Drop Table（删除表）等。

②数据操纵：对数据的增、删、改和查询操作，如 Select（查询数据）、Insert（插入记录）、Delete（删除记录）、Update（修改数据）等。

③数据库和事务控制：控制用户对数据库的访问权限，如 Gran't（授予权限）、Revoke（取消权利）、Commit（事务提交）、Rollback（事务撤销）等。

3. 数据库管理系统的工作方式

(1) 终端用户工作方式

在这种方式下，用户使用键盘输入某一带有参数的命令，向数据库存取数据。用户发出的命令经过远程处理后，由数据库管理系统作进一步加工并给出命令执行结果。这种工作方式一般称为单命令工作方式或问答式工作方式。

(2) 批处理工作方式

批处理工作方式也称为程序方式，用户应用数据库操纵语言编出完整的程序后运行，机器根据应用程序的指示，完成所需的一系列工作。

(3) 在线用户工作方式

在线用户工作方式也称为联机用户工作方式，也是用数据操纵语言工作的，这一点和批处理工作方式一样；但因为其程序是通过键盘输入，也要经过远程处理程序，这一点又和终端用户工作方式相似。

复习思考题

（一）选择题

1. C/S 是一种重要的网络计算机模式，其含义是（　　）。
   A. 客户/服务器模式　　　　　　B. 文件/服务器模式
   C. 分时/共享模式　　　　　　　D. 浏览器/服务器模式

2. 数据流的具体定义是（　　）。
   A. 数据处理流程图的内容　　　　B. 数据字典的内容
   C. 新系统边界分析的内容　　　　D. 数据动态性分析的内容

3. 输入设备将程序和数据送去处理的设备为（　　）。
　　A. 主机　　　　　　　　　　B. 显示器
　　C. 控制器　　　　　　　　　D. 磁盘
4. 在下列设备中，不能作为微计算机的输入设备的是（　　）。
　　A. 激光打印机　　　　　　　B. 鼠标
　　C. 键盘　　　　　　　　　　D. 硬盘

（二）名词解释
1. 数据库
2. 广域网

（三）简答题
1. 简述数据库管理系统的组成。
2. 什么是关系模型？关系模型有哪些特点？

第三章 信息化与信息资源管理

3.1 信息化概述

3.1.1 信息化的定义

信息化是指培养、发展以计算机为主的智能化工具为代表的新生产力，并使之造福于社会的历史过程。智能化工具又称信息化的生产工具，它一般必须具备信息获取、信息传递、信息处理、信息再生、信息利用的功能。与智能化工具相适应的生产力，称为信息化生产力。根据《2006—2020国家信息化发展战略》，信息化是充分利用信息技术，开发利用信息资源，促进信息交流和知识共享，提高经济增长质量，推动经济社会发展转型的历史进程。

信息化是一个国家由物质生产向信息生产、由工业经济向信息经济、由工业社会向信息社会转变的动态的、渐进的过程。与城镇化、工业化相类似，信息化也是一个社会经济结构不断变换的过程。这个过程表现为信息资源越来越成为整个经济活动的基本资源，信息产业越来越成为整个经济结构的基础产业，信息活动越来越成为经济增长不可或缺的一支重要力量。信息化的过程是一个渐进的过程，可从以下四个方面理解其含义：

首先，信息化是一个相对概念。它所对应的是社会整体及各个领域的信息获取、处理、传递、存储、利用的能力和水平。

其次，信息化是一个动态的发展中的概念。信息化是向信息社会前进的动态过程，它所描述的是可触摸的有形物质产品起主导作用向难以触摸的信息产品起主导作用转变的过程。

再次，信息化是一个渐进的动态过程。它是从工业经济向信息经济、从工业社会向信息社会逐渐演进的动态过程，每一个新的进展都是前一阶段的结果，同时又是下一发展阶段的新起点。

最后，信息化是技术革命和产业革命的产物，是一种新兴的最具有活力和高渗透性的科学技术。

3.1.2 信息化的内容

信息化构成要素主要有：信息资源、信息网络、信息技术、信息设备、信息产业、信息管理、信息政策、信息标准、信息应用、信息人才等。从内容层次看，信息化内容包括：核心层、支撑层、应用层与边缘层等几个方面。从产生的角度看，信息化层次包括：信息产业化与产业信息化、产品信息化与企业信息化、国民经济信息化、社会信息化。

（1）信息设备装备化。即各级组织、机构、团体、单位主动地将越来越多的计算机设备、通信设备、网络设备等应用于作业系统，辅助作业顺利完成。

（2）信息技术利用化。如利用信息获取技术（传感技术、遥测技术）、信息传输技术（光纤技术、红外技术、激光技术）、信息处理技术（计算机技术、控制技术、自动化技术）等，以改进作业流程，提高作业质量。

（3）信息内容数字化。一方面将设计信息、生产信息、经营信息、管理信息等各类作业系统信息生成和整理出来；另一方面使上述各类信息规范化、标准化和知识化，最后进行数字化，以便于查询和管理。

（4）信息服务完善化。建立信息服务体系，比如联机服务、咨询服务、系统集成等。通过信息服务将信息设备、信息技术、信息内容形成一个整体，并使其发挥出"整体大于部分之和"的功效。

（5）信息人才递增化。加强对各类信息人才的培养与重视，使信息人才的比重日益增加。信息人才的形成有两方面：一方面是原有的信息工作人员能力的自我提升，快速掌握现代信息知识，比如计算机操作、联机检索、上网查询等；另一方面是投入资金直接培训新手。同时，给全体人员普及信息知识，使人们能逐渐适应信息社会的要求。

（6）信息投资倾斜化。在每年的财政预算或投资计划中，对信息化的投资给予倾斜，重点支持信息人才的培养、信息设备的装备、信息技术的利用、信息内容的开发和信息服务体系的完善，有目的、有计划地快速推进信息化建设。

（7）信息政策封闭化。尽快制定各项规章、制度、条例，并日益使这些政策相互完善，不留漏洞，为各项信息工作提供指导和规范。这样，既可引导信息化建设的步伐，又可确保信息安全，杜绝虚假、有害信息的传播。信息设备装备化、信息技术利用化、信息内容数字化、信息服务完善化等"四化"，一方面由信息投资倾斜化、信息人才递增化所推动、所实现；另一方面通过自身的发展不断产业化，即信息产业化。而信息政策封闭化则为上述"六化"的实现与完成提供良好的约束机制和外部环境。

3.1.3 信息化的层次

（1）产品信息化。产品信息化是信息化的基础，含两层意思：一是产品所含各类信息比重日益增大、物质比重日益降低，产品日益由物质产品的特征向信息产品的特征迈进；二是越来越多的产品中嵌入了智能化元器件，使产品具有越来越强的信息处理功能。

（2）企业信息化。指企业在产品的设计、开发、生产、管理、经营等多个环节中广泛利用信息技术，并大力培养信息人才，完善信息服务，加速建设企业信息系统。企业信息化是国民经济信息化的基础。

（3）产业信息化。指农业、工业、服务业等传统产业广泛利用信息技术，大力开发和利用信息资源，建立各种类型的数据库和网络，实现产业内各种资源、要素的优化与重组，从而实现产业的升级。

（4）国民经济信息化。指在经济大系统内实现统一的信息大流动，使金融、贸易、投资、计划、通关、营销等组成一个信息大系统，使生产、流通、分配、消费等经济的四个环节通过信息进一步连成一个整体。国民经济信息化是各国急需实现的近期目标。

（5）社会生活信息化。指包括经济、科技、教育、军事、政务、日常生活等在内的整个社会体系采用先进的信息技术，建立各种信息网络，大力开发涉及人们日常生活的信息内容，丰富人们的精神生活，拓展人们的活动时空等。

3.1.4 信息化建设

信息化建设指品牌利用现代信息技术来支撑品牌管理的手段和过程。随着计算机技术、网络技术和通信技术的发展和应用，企业信息化已成为品牌实现可持续发展和提高市场竞争力的重要保障。品牌应该采取积极的对策措施，推动企业信息化的建设进程。品牌2.0理论指出，信息化建设是品牌母体树冠部分的支持网络，庞大的品牌识别系统必须对应有强大的信息化建设体系，如果信息化建设不能满足品牌识别系统的要求，品牌识别系统也将受到伤害，会自动调低到现有的信息化建设体系可以支撑的大小，这是品牌母体的自我调整过程。根据这个原理我们可以解释一种现象：为什么有的品牌进行了很好的品牌识别系统设计，初看起来是一个极具竞争力和发展前景的品牌，但却不能持久，并马上出现了负品牌效应（品牌的负面元素暴露，进而损害品牌的美誉度）。

信息化建设包括企业规模，企业在电话通信、网站、电子商务方面的投入情况，在客户资源管理、质量管理体系方面的建设成就等。信息化建设是品牌生产、销售、服务各环节的核心支撑平台，并随着信息技术在企业中的应用的不断深入显得越来越重要，未来甚至许多企业就是只依靠信息化建设而生存。

品牌指数数据模型中的信息化建设权值为 10 分，当品牌在企业规模、通信系统、网络、电子商务、客户资源管理、质量管理等方面有正向的建设内容时，品牌指数将给予加分。在品牌 2.0 理论体系中，信息化建设作为品牌母体树冠部分的支撑物，同属自触点，也就是品牌母体可以主导的部分。品牌信息化建设必须详细分析、系统实施。品牌在进行信息化建设时，必须根据本品牌的情况因地制宜地实施，千万别好高骛远。在中国，信息化建设失败的案例极其常见，尤其是 CRM（客户关系管理）、ERP（企业资源计划）领域。对品牌来说，错误的信息化建设决策有可能带来比未进行有效信息化建设更大的风险。

3.1.5 信息化的作用

信息化对经济发展的作用是信息经济学研究的一个重要课题。很多学者都对此进行了尝试。比较有代表性的有两种观点：一种是将信息化的作用概括为支柱作用与改造作用两个方面；另一种是将信息化的作用概括为先导作用、软化作用、替代作用、增值作用与优化作用等五个方面。这些观点对我们充分认识信息化的经济功能（或作用）具有一定的参考价值。信息化对促进中国经济发展具有不可替代的作用，这种作用主要是通过信息产业的经济作用予以体现。主要有以下几个方面：

1. 信息产业的支柱作用

信息产业是国民经济的支柱产业。其支柱作用体现在两个方面：①信息产业是国民经济新的增长点。近年来，信息产业以 3 倍于国民经济的速度发展，增加值在国内生产总值（GDP）中的比重不断攀升，对国民经济的直接贡献率不断提高，间接贡献率稳步提高。②信息产业将发展成为最大的产业。近年来，中国电子信息产品出口占全国外贸出口的比重不断上升，其在国家外贸出口中的支柱地位得到进一步巩固和提高。信息产业在国民经济各产业中位居前列，并将发展成为最大的产业。

2. 信息产业的基础作用

信息产业是关系国家经济命脉和国家安全的基础性和战略性产业。这一作用体现在两个方面：①通信网络是国民经济的基础设施，网络与信息安全是国家安全的重要内容；强大的电子信息产品制造业和软件业是确保网络与信息安全的根本保障。②信息技术和装备是国防现代化建设的重要保障，信息产业已经成为各国争夺科技、经济、军事主导权和制高点的战略性产业。

3. 信息产业的先导作用

信息产业是国家经济的先导产业。这一作用体现在以下四个方面：①信息产业的发展已经成为世界各国经济发展的主要动力和社会再生产的基础。②信息产业作为高新技术产业群的主要组成部分，是带动其他高新技术产业腾飞的龙头产业。③信息产业的不断拓展，信息技术向国民经济各领域的不断渗透，将创造出新的产业门类。④信息技术的广泛应用，将缩短技术创新的周期，极大提高国家的知识创新能力。

4. 信息产业的核心作用

信息产业是推进国家信息化、促进国民经济增长方式转变的核心产业。这一作用体现在以下三个方面：①通信网络和信息技术装备是国家信息化的物质基础和主要动力。②信息技术的普及和信息产品的广泛应用，将推动社会生产、生活方式的转型。③信息产业的发展大量降低物资消耗和交易成本，对实现中国经济增长方式向节约资源、保护环境、促进可持续发展的内涵集约型方式转变具有重要推动作用。

3.2 信息资源管理

3.2.1 信息资源

1. 信息资源的定义

信息资源是企业生产及管理过程中所涉及的一切文件、资料、图表和数据等信息的总称。它涉及企业生产和经营活动过程中所产生、获取、处理、存储、传输和使用的一切信息资源，并贯穿于企业管理的全过程。信息同能源、材料并列为当今世界三大资源。信息资源广泛存在于经济、社会各个领域和部门。随着社会的不断发展，信息资源成为国民经济和社会发展的重要战略资源。它的开发和利用是整个信息化体系的核心内容。

控制论的创始人维纳认为，信息就是信息，不是物质也不是能量。也就是说，信息与物质、能量是有区别的。同时，信息与物质、能量之间也存在着密切的关系。物质、能量、信息是构成现实世界的三大要素。只要事物之间的相互联系和相互作用存在，就有信息发生。人类社会的一切活动都离不开信息，信息早就存在于客观世界，只不过人们首先认识了物质，然后认识了能量，最后才认识了信息。

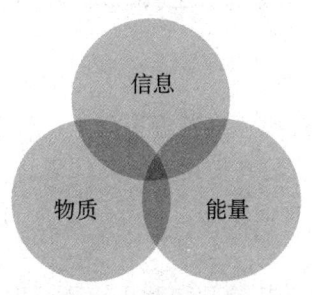

图 3-1　资源三角形

信息具有使用价值，能够满足人们的特殊需要，可以用来为社会服务。但是，认识到信息是一种独立的资源还是 20 世纪 80 年代以来的事情。

美国哈佛大学的研究小组给出了著名的资源三角形（如图 3-1 所示）。他们指出：没有物质，什么都不存在；没有能量，什么都不会发生；没有信息，任何事物都没有意义。作为资源，物质为人们提供了各种各样的材料，能量提供各种各样的动力，信息提供各种各样的知识。

信息是普遍存在的，但并非所有的信息都是资源。只有满足一定条件的信息才能构成资源。信息资源有狭义和广义之分：

狭义的信息资源，指的是信息本身或信息内容，即经过加工处理，对决策有用的数据。开发利用信息资源的目的就是为了充分发挥信息的效用，实现信息的价值。

广义的信息资源，指的是信息活动中各种要素的总称。"要素"包括信息、信息技术以及相应的设备、资金和人等。

狭义的观点突出了信息是信息资源的核心要素，但忽略了"系统"。事实上，如果只有核心要素，而没有"支持"部分（技术、设备等），就不能进行有机的配置，不能发挥信息作为资源的最大效用。

归纳起来，可以认为，信息资源由信息生产者、信息、信息技术三大要素组成。

①信息生产者是为了某种目的生产信息的劳动者，包括原始信息生产者、信息加工者或信息再生产者。

②信息既是信息生产的原料，也是产品。它是信息生产者的劳动成果，对社会各种活动直接产生效用，是信息资源的目标要素。

③信息技术是能够延长或扩展人的信息能力的各种技术的总称，是对声音、图像、文字等数据和各种传感信号的信息进行收集、加工、存储、传递和利用的技术。信息技术作为生产工具，对信息收集、加工、存储和传递提供支持与保障。

2. 信息资源的特点

(1) 信息资源与自然资源、物质资源相比，具有以下几个特点：

①能够重复使用，其价值在使用中得到体现。

②信息资源的利用具有很强的目标导向，不同的信息在不同的用户中体现不同的价值。

③具有整合性。人们对其检索和利用，不受时间、空间、语言、地域和行业的制约。

④它是社会财富，任何人无权全部或永久买下信息的使用权；它是商品，可以被销售、贸易和交换。

⑤具有流动性。

(2) 信息资源作为经济资源的一般特征如下：

①需求性。作为生产要素，能满足人类的需求。

②稀缺性。稀缺性是经济资源最基本的经济学特征。

③使用方向的可选择性。这是由于信息资源具有很强的渗透性。

(3) 与物质资源、能源资源相比，独有的特征如下：

①共享性。

②时效性。只有时机适宜，才能发挥效益。

③动态性。信息资源是一种动态资源，呈现不断丰富、不断增长的趋势。

④不可分性。信息的不可分性表现在它在生产过程中的不可分。

⑤不同一性。作为资源的信息必是完全不同一的。

⑥支配性（驾驭性）。支配性是指信息资源具有开发和支配其他资源的能力。

3. 信息资源管理的发展过程

(1) 传统管理阶段：20 世纪 50 年代至 70 年代，以图书馆、情报所为代表的文字信息资源管理。

(2) 信息管理阶段：20 世纪 70 年代末至 80 年代，以计算机应用和数据处理为典型代表。

(3) 信息资源管理阶段：20 世纪 80 年代至 90 年代，以网络平台、海量数据库、信息处理技术为代表，以信息交换、信息共享、信息应用为内容，视信息资源为主要经济资源进行管理的信息资源管理。

(4) 知识管理阶段：20世纪90年代至2010年。知识管理的形成与发展建立在信息资源管理的缺陷的基础上，它更加重视与人的交流，重视学习，重视知识资产、竞争优势与创新。将结构化信息与非结构化信息和人们利用信息的规则联系起来，做到了对知识的更好地利用。

(5) 商务智能阶段：2010年以来，在云计算服务和数据挖掘等新技术的发展下，大规模数据存储和挖掘成为可能，进而为商业决策提供信息服务。

3.2.2 信息组织

1. 信息组织的概念

信息组织是将处于无序状态的特定信息，根据一定的原理和方法，使其成为有序状态的过程。其目的是将无序信息变为有序信息，方便人们利用信息和有效地传递信息。

信息组织的依据是事物的属性，这些属性可归纳为形式、内容和效用三种类型。以服装为例，款式、大小、生产厂家、生产时间和地点等属于形式特征，服装原料的物理和化学结构属于内容特征，御寒、防雨、防晒等属于效用特征。

信息组织的过程可分为序化和优化两个阶段。

信息的序化是按照一定的方法将无序的信息组织成有序的信息的过程，它包含两层含义：一是为了利用和管理上的方便，对没有必然内在联系的信息加以组织；二是对本质上有必然内在联系的信息，按照其自身的客观逻辑结构加以组织。前者融入了更多的主观因素，后者则更多地依据客观因素。

信息的优化是在信息序化的基础上进行的，是针对某种目的对信息进行再序化的过程。在信息组织的实际操作过程中，信息的序化和优化之间并没有十分明确的界限。

信息组织的目的在于减少社会信息流的混乱程度、提高信息产品的质量和价值、建立信息产品与用户的联系、节省社会信息活动的总成本。

2. 信息组织的方法

(1) 语法信息组织方法

即以信息的形式特征为依据序化信息的方法。它不涉及信息的含义和用途，需要遵循方便性、标准化等原则。

①字顺组织法。从字、词的角度集约有关信息，又有音序法、形序法、音序和形序并用三种形式，如书名的排序、著者姓名的排序和主题词的排序等。

②代码组织法。以代码表征信息集约信息的方法,优点是简便易用,尤其适合计算机管理,如专利代码组织法、商务条码组织法、身份证代码组织法、军队番号组织法和电话号码组织法等。

③地序组织法。以信息的空间特征为依据序化信息的方法,特点是能反映地域特色,如各种地图、地理文献和风景名胜介绍等的组织。

④时序组织法。以信息的时间特征为依据组织信息的方法,优点是能反映事物的发展规律,多为线性结构,如史书、年表、日记、传记、档案和连续出版物等的组织。

⑤其他组织法。包括颜色组织法(如绿色代表邮政)、形状组织法(如以书刊的开本大小为依据的组织法)、重量组织法(如拳击手的分类)等。

(2) 语义信息组织方法

即以信息的内容或本质特征为依据序化信息的方法。语义信息组织方法需遵循客观性原则。

①逻辑组织法。根据信息之间的逻辑关联组织信息,如政策的制定、研究报告的撰写、文学作品中人物性格的发展等。

②分类组织法。包括科学分类、文献分类、专利分类、商品分类、职能分类等,能反映事物之间内在的、本质的联系和区别,便于人们系统地认识和了解信息。

③主题组织法。从事物内含的主题属性出发,以词语作为概念标识,并通过概念标识的字顺排列和参照方法等间接地揭示概念之间相互关系的一种信息组织法,包括标题法、单元词法、叙词法、关键词法等几种类型。

(3) 语用信息组织方法

即以信息的效用特征为依据序化信息,能反映和满足用户的信息需求。语用信息组织方法需遵循目的性、适用性和个性化原则。

①权值组织法。赋予不同信息以不同的权重值,以权值大小组织信息,如决策方案的选择、教学质量的评估等。

②概率组织法。根据事件发生的概率大小序化信息,如预测体育比赛的胜负、期货交易等。

③特色组织法。根据用户某一方面的特殊需求组织信息,如根据用户的兴趣组织球迷信息、摄影信息、旅游信息等。

④重要性递减组织法。依据信息的重要程度序化信息,通常的做法是突出重要信息使其处于醒目位置,而将其他信息依重要性置于相应位置,如大众传播的栏目设置。

3. 网络信息组织

传统的信息组织多采用手工编制的目录、索引、文摘、综述等形式，局限于文献信息的组织。在网络环境下，数字化信息占主导地位，信息组织的对象逐渐多样化，范围也随之扩大，不再停留于对文献特征的描述，而深入到知识和信息单元，致使传统的信息组织方式不能满足人们的各种信息需要。

网络信息组织就是根据网络信息特点和属性，采用科学的方法，将大量的、分散的、杂乱的信息经过搜集、筛选、整序、优化，形成一个便于有效利用的整体的过程。

(1) 一次网络信息组织

①文件方式。文件是存储非结构化信息的天然单位。但在网络环境下，由于文件本身需要作为对象来管理，对结构化信息组织显得软弱无力，文件方式只能是网络信息组织的辅助形式。

②超媒体方式。将文字、表格、声音、图形、图像、视频等多媒体信息以超文本方式组织起来，人们通过浏览的方式搜寻所需信息，避免了检索语言的复杂性。

③网站方式。通过标记语言，将信息组织成一个个页面，页面对某机构、个人或专题作全面介绍，用主页将这些信息集中组织到一起，通过浏览器浏览。

(2) 二次网络信息组织

①主题树方法。将所含某一学科的所有已获得的信息按照某种事先确定的概念体系结构，分门别类地逐层加以组织，用户通过浏览的方式逐层加以选择，层层遍历，直至找到所需要的信息线索（相关站点链接），并通过信息线索直接找到相应的网络信息资源。

②数据库方法。将所有已获得的信息以固定的记录格式存储，用户通过关键词及其组配查询，找到所需要的信息线索（相关站点链接），并通过信息线索直接找到相应的网络信息资源。

3.2.3 信息检索

信息检索（Information Retrieval）是指信息按一定的方式组织起来，并根据信息用户的需要找出有关信息的过程和技术。狭义的信息检索就是信息检索过程的后半部分，即从信息集合中找出所需要的信息的过程，也就是我们常说的信息查寻（Information Search 或 Information Seek）。

信息检索起源于图书馆的参考咨询和文摘索引工作。从 19 世纪下半叶首先开始发展，至 20 世纪 40 年代，索引和检索已成为图书馆独立的工具和用户服务项目。随着1946年世界上第一台电子计算机问世，计算机技术逐步走进信息检索领域，并与信息检索理论紧密结合起来，脱机批量情报检索系统、联机实时情报检索系统相继研制成功并商业化。20世纪60年代到80年代，在信息处理技术、通信技术、计算机和数据库技术的推动下，信息检索在教育、军事和商业等各领域高速发展，得到了广泛的应用。Dialog国际联机情报检索系统是这一时期的信息检索领域的代表，至今仍是世界上最著名的系统之一。

1. 信息检索的类型

(1) 早期分类方法

①文献检索。通过二次文献找出所需的一次文献或三次文献。

②数据检索。以数据为对象的检索，如查找某一数据。

③事实检索。以特定的事实为检索对象。事实内容包括大量的科学事件和社会事件。

④概念检索。查找特定概念的含义、作用、原理或使用范围等解释性的内容或说明。

(2) 新分类方法

①文本检索。以各种自然语言符号系统所表示的信息为主要检索对象。它是传统的文献检索方式的延续。

②数值检索。针对数值型数据的查询而发展起来的。它不仅能检索出符合特定需求的数据信息，而且还可以在此基础上提供一定的数据运算能力和推导能力。在财经、金融、统计等领域应用广泛。

③音/视频检索。针对各种数字化音频和视频信息而进行查询。目前，正在研究和探索之中，属于前沿领域。

2. 信息检索的原理

信息检索就是对信息集合与需求集合的匹配与选择。

要对信息集合进行特征化表示，即通过人工或计算机的方法对信息集合进行加工处理，将原来隐含的、不易识别的特征显性化。这种加工处理工作被称为内容分析与标引。

要对用户所提出的信息需求进行分析，提取概念或属性，并利用与标引过程相同的标识系统（检索语言）来表达需求中所包含的概念和属性。

匹配和选择机制，指对需求集合与信息集合进行相似性比较。根据一定的标准选出符合需要的信息。

网络信息检索就是通过网络信息检索工具，检索存在于互联网信息空间中各种类型的网络信息资源。

（1）搜索引擎

根据一定的策略、运用特定的计算机程序搜集 Web 上的信息，并对这些信息进行组织和处理从而为用户提供检索服务的系统。

搜索引擎为用户提供了一个友好的检索入口，用户只需提供检索式（关键词列表）便能搜寻到包含这些关键词的相关网页。

搜索引擎通常包括爬虫（Crawler）模块、索引模块、数据集分析模块、检索引擎模块、排序模块和用户模块，以及索引数据集或网页数据集。

搜索引擎依赖于 Crawlers 进行网页爬行，一个 Crawler 就是一个能自动爬行 Web 网页以供生成本地索引或本地网页数据集的程序。

索引模块对缓存中的每一个网页进行全文扫描，抽取所有的词条，并记录 URL（统一资源定位符，也被称为网页地址）信息，形成一个巨大的能提供检索所有词条所在页面的索引库，并将数据存储在索引数据集中。除了传统的文本索引外，索引模块在数据集分析模块的帮助下，还能产生反映网页间链接的结构索引和其他的功能索引。

检索引擎模块通过索引模块负责接收和满足来自用户的每一个请求。由于网页非常多，而用户往往只输入一个或两个关键词，导致检索结果总是很大，因此搜索引擎利用排序模块对检索到的结果进行排序。用户模块负责为用户检索提供友好的界面。

（2）网络多媒体信息检索

多媒体信息体现了人类最朴实的信息交流需求，它直观、形象、内容丰富。网络多媒体信息包括文本、图形、图像、视频、音频等几乎所有非网络环境下的多媒体信息形式。

①基于文本方式的多媒体信息检索技术。

首先，对多媒体进行人工分析和抽取反映该多媒体物理特征和内容特征的关键词；然后，对这些关键词进行文字著录或标引，建立类似于文本文献的标引著录数据库，从而将多媒体信息检索转变成对上述关键词的检索。检索关键字段主要有：文件扩展名（如 gif、jpg、mpeg、avi、wav 等）；多媒体标题和文字解说；其他检索关键字段，如某些 Web 页的页标题、由人工选择或指定的某些标引多媒体信息内容的关键词等。

②基于内容特征的多媒体信息检索技术。

主要依据是图像画面、声音和影像的内容特征，如图像画面的颜色、纹理、形状、结构，声音的音频、响度、频宽、音色和节奏，影像的对象运动特征、颜色和光线的变化等。

在组织多媒体信息时，组织者根据媒体的上述内容特征进行分析，建立基于内容特征的标引信息，将其存储在特征信息索引库中，并与实际多媒体数据联系起来。当用户检索时，系统一方面接收用户规定的图像画面、声音和影像的内容特征信息（用户的检索提问），另一方面接收特征信息索引库中的特征信息，然后进行二者之间的匹配，以找出符合用户需求的多媒体信息。

（3）信息检索的效果评价

①查全率：检出的相关文献量与系统文献库中相关文献总量的比率。

②查准率：检出的相关文献占所有检出文献的比率。

③收录范围，输出形式，响应速度。

3.2.4 信息分析与服务

1. 信息分析的含义和作用

核心工作是根据特定需要，对情报信息进行定向选择和科学抽象。所谓定向选择，就是根据特定需要进行的情报搜集和信息整序工作；所谓科学抽象，就是透过现象，揭示研究对象的本质、规律和联系的思维过程。

信息分析的作用如下：在科学决策中发挥参谋和智囊作用，在研究与开发中担负助手作用，在市场开拓中起保障和导向作用，在动态跟踪与监视中起耳目和预警作用。

2. 信息分析的程序

（1）课题选择和计划

研究计划是行动的指南和纲领，是研究任务全面、系统的筹划和安排。有了研究计划，就有了工作目标，就可以把整个研究过程有机地组织起来，保证研究工作有条不紊地顺利进行。

课题越大、时间越长、参加的单位和人员越多，就越需要一个周密而详细的研究计划。

（2）信息搜集和处理

信息搜集是信息分析的基础。不论是何种类型的信息分析活动，都必须充分地占有信息"原料"。为了提高信息搜集效果，信息人员应遵循全面性、系统性、针对性、新颖性、可靠性、科学性、计划性等原则。

经过搜集而获取的原生信息通常繁杂无序、真假混杂，因此需要进行处理。

信息处理包括整理和评价。其中，信息整理包括形式整理和内容整理，目的是使信息从无序变为有序，成为便于利用的形式；信息评价则强调对整理出来的原生信息进行鉴别，一般依据可靠性、先进性、适用性等指标进行，目的是筛选出有用信息，淘汰掉无用或不良信息。

(3) 信息分析和提炼

信息通常不会天生就是财富。绝大多数原生信息只有通过加工处理和分析才能成为组织机构财富之源。

信息分析和提炼侧重于对信息进行精加工，它是一项综合性很强的思维活动，它直接或间接调用人脑的思维功能，采用科学的方法、手段和工具，以揭示、总结、提炼和运用研究对象本身固有的本质的规律。

(4) 成果评价和推广应用

①消息类成果。侧重于跟踪监视和及时报道特定领域的国内外发展的最新水平、动向和趋势，具有明显的推荐性质。特点是：内容简洁、新颖，报道迅速、及时。

②数据类成果。以有关课题的各种系统的资料或数据为主要对象，经过加工整理和分析研究所形成的一种成果形式，如"手册""汇编""指南""要览""年鉴""数据库""数据集""数据图表"等，具有密度高、系统性强、完整性和准确性好等特点。

③研究报告类成果。以分析说明、归纳提炼、论证推测为宗旨，具有结构严谨、分析深刻、结论明确等特点。此类成果主要有综述性、述评性、预测性、评估性、背景性等几种类型。

3. 信息分析成果的评价

①成立评价小组。由信息分析人员、相关领域的评审专家、主管部门负责人、用户等组成。

②确定评价目标。信息分析成果评价的基本目标在于确保成果质量合格，体现信息分析课题提出部门的意图。

③搜集资料，分析限制性条件，以便进一步作出客观、公正、科学的评价结论。

④提出评价意见。包括概略性评价意见和详细评价意见两种。

⑤形成评价报告。要求以简洁的文字交代评价的目的、背景、时间、地点、专家、内容等，并详细地介绍评价的方法、过程及主要结论。

信息分析成果评价包括即时评价和最终评价。

即时评价：成果交付用户使用或以某种方式面世后，随即或稍后进行的一种评价。依据主要是成果本身的质量、所提供内容的内在价值和可使用价值以及用户对成果的初步反映。

最终评价：对成果使用后产生的最终效果进行的一种长远评价。依据主要是成果使用后给科技、经济、社会和环境带来的最终影响和后果。

信息从信源传递过来以后，用户首先要考虑的是如何理解、消化和吸收信息内容，在此基础上还要进一步考虑如何将其应用于科学决策、研究与开发、市场开拓等社会实践中去。

3.3 信息化能力

信息资源、物质资源和能源资源，已经成为现代社会经济发展的三大支柱。

社会信息化的典型表现是人类社会对信息资源的依赖程度越来越高，而对物质资源和能源资源的依赖程度则相对降低。

信息要素广泛渗透到人类社会各种经济活动中，社会经济的发展主要不是依赖物质材料的增加和新能源的开发，而是依赖信息力量的推动。《2006—2020年国家信息化发展战略》提出，我国信息化发展的战略目标为综合信息基础设施基本普及，信息技术自主创新能力显著增强，信息产业结构全面优化，国家信息安全保障水平大幅提高，国民经济和社会信息化取得明显成效，新型工业化发展模式初步确立，国家信息化发展的制度环境和政策体系基本完善，国民信息技术应用能力显著提高，为迈向信息社会奠定坚实基础。

3.3.1 信息化能力及其表现

1. 信息化能力

①国家信息化。在国家统一规划和组织下，在农业、工业、科学技术、国防及社会生活各个方面应用现代信息技术，深入开发、广泛利用信息资源，加速实现现代化的过程。

②国家信息化能力。国家在实施信息化的过程中，由于各方面的因素所导致的信息化进程快慢的差异程度。

③企业信息化。企业以业务流程（优化）重组为基础，在一定的深度和广度上利用计算机技术、网络技术和数据库技术，控制和集成化管理企业生产经营活动中的所有信息，实现企业内外部信息的共享和有效利用，以提高企业的经济效益和市场竞争能力。

④企业信息化能力。企业在实施信息化的过程中，由于基础条件、经济、

管理等方面的因素所导致的信息化进程快慢的差异程度。

2. 信息化能力的表现形式及表现层面

(1) 信息化能力的表现形式

信息化能力的表现形式如下：

①信息系统开发与管理能力。信息系统开发一般分为系统分析、系统设计、系统实施三个阶段。为了确保信息系统的正常运行与信息畅通，实现信息资源共享和高效率利用，信息系统进入使用阶段后的任务是对信息系统进行运行管理和维护。

②信息组织与检索能力。信息组织是将处于无序状态的特定信息，根据一定的原理和方法，使其成为有序状态的过程。信息检索是一种有目的和组织化的信息存取活动，是对信息集合与需求集合的匹配与选择。

③信息分析与服务能力。信息分析的目的是在大量搜集原生信息的基础上，通过去粗存精、去伪存真、由此及彼、由表及里的分析处理和评价，形成对经济决策或其他社会活动有参考利用价值的信息成果。其本质在于不断提高信息服务的质量和水平，满足用户的实际信息需求。

④信息技术应用与信息产业发展能力。信息技术已逐渐成为衡量国家综合国力、社会信息化水平的关键因素。信息技术能够改造传统产业，带动国民经济迅速增长，实现社会的可持续发展。信息产业是工业社会发展到一定阶段后的产物，代表了继农业、工业、服务业发展阶段之后社会发展的方向。

⑤领域信息化能力。领域信息化是以数字化、网络化、个性化的方式，推进信息技术在社会各个领域的深入应用，如电子商务、电子政务、教育信息化等领域。

⑥信息资源开发与利用能力。当前，信息意识空前高涨，但信息资源配置中的低效率甚至无效率情况依然普遍存在，不公平现象时有发生。这在一定程度上构成了信息资源共享的障碍。因此，加强信息资源的开发利用意义重大。

(2) 信息化能力的表现层面

信息化能力的表现是多层面的，还可以从信息素养、信息意识、信息文化、信息技术自主创新能力等方面加以考察。

①信息素养。即对信息的获取、加工整理、分析、评价、管理、表达与交流的能力。它既涉及信息内容本身，也涉及信息活动的过程、方法和结果。一个有信息素养的人，应当具备如下能力：知道何时需要信息，知道解决特定的问题需要什么样的信息，知道如何获取所需要的信息，知道如何组织、

分析处理、管理和评价信息,以及掌握运用信息有效地解决问题的技能。

②信息意识。即人脑对信息在社会发展中的性质、地位、作用、价值等的认识和反映。它决定了人们捕捉、判断和利用信息的自觉程度。一个具有强烈信息意识的人,通常对信息具有敏锐的感受力和持久的注意力,对信息价值具有良好的判断力和洞察力。

③信息文化。它是人类社会发展过程中的一种文化形态。人类思维方式和观念的变革、社会文化的结构性变革主要是由信息技术和网络技术的应用而形成的全新的社会基础结构所导致的。典型表现:信息和信息技术大量介入人类的生产、生活、娱乐、管理与决策等领域,强烈地影响着人们的世界观,促进人类文明的巨大进步。

④信息技术自主创新能力。IT创新有多种实现途径。在新IT的形成和扩散中,一般可分为技术领先者、技术追随者和技术后来者。技术领先者和追随者通常可以尝到先行者的甜头,从中获取巨大的利益。技术后来者不能获取因先行而产生的利益,但仍可从"后发优势"中获利。

3.3.2 信息化能力和竞争力

1. 竞争力

优胜劣汰,适者生存。竞争是当今世界普遍存在的社会现象,政治、军事、经济、科技、文化等社会生产、生活乃至娱乐的各个领域,无一不存在竞争。

市场经济条件下各个企业之间的竞争,即在市场经济条件下,企业作为商品生产者和经营者为了争取实现企业自身的经济利益,并获得有利的产销条件而发生争夺、较量、对抗的经济关系。

企业竞争力即生产者以比竞争对手更具吸引力的价格和其他参数生产和销售自己的产品和劳务的能力,或者企业争取用户和争夺市场的能力,决定了企业之间竞争的基本格局和最终结果。企业竞争力一般是由品种、质量、价格、信誉和服务五个要素构成。

企业核心竞争力即企业在市场竞争中所拥有的独特的获取利润、谋求生存、持续发展的能力。表现在:一是对最终产品中的顾客利益有突出贡献,创造顾客价值;二是竞争对手难以模仿,具有独特性。

核心竞争力理论认为,企业是一个能力系统或能力的特殊集合,企业竞争优势的差异是由于企业能力不同造成的。企业各种能力中的核心部分,可以通过整合和外向辐射等,作用于企业的其他各种能力,影响其他能力的发挥和整体能力效果。

对企业市场竞争能力的判别，在20世纪60年代看成本，70年代讲质量，80年代强调速度，90年代突出服务，21世纪强调创新（知识与信息资源）。

2. 信息化能力对竞争力的影响

社会信息化的出现给人类带来了新的资源、新的财富和新的社会生产力，也带来了国际社会新的竞争方式、竞争手段和竞争内容。

信息经济区别于传统经济形态的根本特征：信息成为主导资源，信息成分大于物质成分的产品和服务占主导地位，信息市场成为市场体系的重要组成部分，信息产业成为国民经济中的主导产业。

企业竞争优势有多种表现，如人才优势、资金优势、技术和设备优势、经营方式优势、原材料优势、信息优势等，但在信息时代里归根结底表现为通过推进信息化建设所营造的信息优势。也就是说，谁取得了信息优势，谁就获得了在市场上生杀予夺的主动权。

例如：关于企业内部和外部的一切与提高企业竞争力有关的信息主要涉及竞争对手、竞争环境、竞争战略等方面。显然，这些信息是为竞争目的而专门采集来的，并且经过深加工发生了增值。充分分析和利用这些信息是企业信息化能力的一个重要体现，有助于企业在信息化社会赢得和保持竞争优势，提升竞争力。

以IBM公司为例，IBM公司曾经列出12个竞争对手，对其加以跟踪和研究，并且取得了巨大的成功。20世纪80年代末期，由于IBM公司对市场竞争趋势的判断出现重大失误，忽视了当时迅速发展的个人计算机革命，仍然认为大型主机硬件设备的研制开发会给公司带来持续的繁荣。到20世纪90年代，公司终于陷于严重的困境中，在1991年至1993年，IBM公司的亏损超过147亿美元，成为美国公司历史上最大的净亏损户。1993年1月，IBM公司新的董事长兼首席执行官郭士纳（Louis Gerstener）接任，他提出要"立即加强对竞争对手的研究"。通过努力，IBM公司增强了适应市场变化和对抗竞争的能力，最大限度地满足了全球市场上客户们的需求，公司销售收入持续增长。

3.3.3 信息化能力评价

1. 信息化能力评价的意义和原则

评价就是根据确定的目标来测定对象或系统的属性，并将这些属性变为客观定量数值或主观效用的行为。即评价是对某事物的考核，其作用在于以评价的结果为基础，以形成相应的对策，影响人们对被评价事物的心态和价值取向。

信息化能力评价的意义包括：有利于规范信息化管理，优化配置信息资源，促进信息经济的发展，为制定科学决策提供有力支撑，正确引导信息化建设的发展方向。

信息化能力评价的原则包括：科学性与可操作性相结合的原则，系统性与导向性相结合的原则，动态评价与静态评价相结合的原则，定性与定量相结合的原则。

2. 信息化能力评价的内容

信息化能力是信息化过程中战略实施、管理控制、项目管理的综合能力，其中蕴含着信息化建设效能和可持续发展能力。

对信息化能力的评价是对信息系统的开发与管理、信息组织与检索、信息分析与服务、信息技术的应用、信息产业的发展以及信息资源的开发与利用等多方面功能与成果的检验和推动。尤其体现在信息基础设施建设能力、信息资源开发与利用能力、信息技术能力、信息产业化能力、信息化发展潜力等方面。

3. 信息化能力评价的方法

信息经济核算法是从经济学范畴出发的以信息经济学为研究对象的宏观评价方法。

（1）马克卢普－波拉特方法

借助 GNP（国民生产总值）或 GDP（国内生产总值）中国民账户体系的统计指标，按照知识产业或信息部门构成的原则逐项挑选出信息部门，将信息部门增加值从社会总增加值中划分处理，形成对信息经济的测度，其实质是通过对信息活动、信息资本、信息劳动和信息职业的定义与分类，从其他活动和行业中分析出信息及相关要素，综合反映宏观信息经济的结构、特征和规模，从经济角度评价社会信息化能力。

（2）信息产业乘数效应分析法

应用乘数、乘数分析理论和投入－产出表可分析产业结构中信息产业与其他产业的关系，分析信息产业对其他产业的感应度、带动度、部分乘数和完全乘数。

（3）信息产业投入－产出分析法

从信息化效益角度考察信息产业的信息化能力，将所有与信息化相关的因素综合起来分析和研究，以确定信息化效益的平衡点，并应用数学工具展开定量化研究，最终找出信息化投入与产出之间的数量关系。其主要方法是列出投入产出明细表，再根据各元素的关系建立相应的数学方程组，构建模拟现实系统的经济数学模型，最后通过该模型来分析和确定信息化投入与产出之间错综复杂的联系和相互协调的比例关系。

(4) 多指标综合评价法

先建立一套科学合理的信息化综合评价指标体系，然后再进行评价。

①信息化综合指数法。典型代表是日本信息化指数法。20 世纪 70 年代末，日本学者小松崎清介提出的信息化指数方法是从信息量（Q）、信息装备率（E）、通信主体水平（P）、信息系数（U）四个主要因素来衡量社会信息化能力。

②综合评分法。典型代表是国家信息化水平测评法。2001 年，国家信息化测评中心公布了国家信息化指标构成方案。该指标体系包括信息资源开发利用、国家信息网络建设、信息技术应用、信息产业发展、信息化人才队伍建设、信息化政策法规和标准六个要素两个层次。采用德尔菲法以及进行相关分析和标准化处理以测定信息化水平指数的权重，然后从具体的指标开始，逐项分层加权计算，最后汇总得出结果。

③多元分析法。包括主成分分析法、聚类分析法等。

4. 企业信息化能力评价

企业信息化能力即企业生产过程、流通过程、组织结构、管理和生产要素等方面信息获取能力、信息处理能力、信息利用能力和信息创造能力。

在信息化时代，信息化能力已成为现代企业生存和发展的一种基本能力。

前面提到的评价方法主要是从宏观角度分析和评价社会、国家、地区以及行业的信息化能力，并不适合从微观角度来评价企业信息化能力。

(1) 模糊层次分析法

这是一种将层次分析法和模糊数学方法加以综合集成的方法。这种方法是将专家群体、数据和多种信息结合起来，把各种学科的理论与人的经验知识结合起来，发挥它们的整体优势和综合优势。

企业信息化能力是由人、组织和系统等多个层面构成的一种综合的系统能力。一方面，只有部分指标可以明确量化，而其他指标很难用一个精确数字来表示，即具有一定的模糊性；另一方面，指标的选取也具有很大的主观性。因此，模糊层次分析法在评价企业信息化能力方面表现出有效性和可靠性。

(2) 经济学分析方法

借鉴新古典经济学、制度经济学、激励经济学理论对企业的信息化建设进行经济学理论分析，是对企业信息化能力的一种量化考核。主要从投入产出分析、需求供给分析以及成本/效益分析这三个方面来对信息化建设进行分析。

(3) 数据包络分析方法

它是运筹学、管理学、系统科学和数理经济学交叉研究的一个新的领域，是一种对若干同类型具有多输入、多输出的决策单元（Decision Making Unit，简称 DMU）的相对效率与效益进行比较的有效方法。

企业信息化系统是具有多种投入和多种产出的复杂大系统，信息化建设的投入、产出效率是衡量信息化能力的重要指标。应用数据包络分析（Data Envelopment Analysis，简称 DEA）方法可以分析各地区信息化水平相对效率的规模有效性和技术有效性，通过分析各地区信息化发展规模收益状况，从横向上确定各地区同时期信息化能力的大小，从纵向考察同一地区或组织不同时期信息化能力的大小。

复习思考题

（一）名词解释

1. 信息资源
2. 信息检索
3. 信息组织
4. 信息化

（二）简答题

1. 简述信息化各层次。
2. 企业信息化的含义是什么？
3. 企业信息化能力及其表现有哪些？
4. 企业信息化能力评价的方法有哪些？

第二篇 实践篇

第四章 酒店信息化

4.1 酒店信息化需求

酒店信息化管理是指利用现代信息技术支持酒店业企业的经营、管理和决策。随着中国酒店业的蓬勃发展，越来越多的酒店利用信息技术来提高自身的管理水平，把中国的传统酒店与现代信息化管理有机地结合在一起，为酒店的做大、做强、管理规范化起到至关重要的作用。酒店的管理目的是成本控制、运营控制，其最终结果表现为效率和效益。要达到这一目的，管理数据的及时性、准确性、完整性、有效性是至关重要的，而这些特性恰恰是信息系统的最重要的特点。

在酒店行业中，"酒店信息化"正成为时下一个响当当的口号。科技不断给酒店业带来新的活力。网络预订系统可以跨全球进行房间预订，宽带网络让商务客人可以在房间里与客户随意交流，客房智能化的设计让客人感觉到了更为便捷的服务。今天，酒店业已经不再局限于传统的价格竞争，而是转变成了各酒店集团连锁品牌的树立和运用网络系统进行整体营销的竞争。在今后的几年中，酒店业的竞争将主要在智能化、信息化方面展开。

酒店信息化的发展趋势主要体现在以下应用层面：一是使酒店管理者、决策者及时准确地掌握酒店经营各个环节的信息，二是为酒店业节省运营成本、提高运营质量和管理效率，三是直接面对顾客提供信息化服务。

根据目前中国现状，要想实现酒店信息化，就要先具备数据采集、信息保存、信息处理、传输控制等信息处理能力。这将成为酒店信息化管理和办公自动化的重要基础。从前台客人入住登记、结账到后台的财务管理系统、人事管理系统、采购管理系统、仓库管理系统都将与智能管理系统连接融合，构成一套完整的酒店信息化科学体系。不同类别、不同管理模式的酒店需求是不同的，如何根据不同的酒店需求为酒店提供合适的信息化系统，对酒店科技配套也是一项挑战。

值得注意的是，酒店需要更为实用的科技产品为酒店经营提供服务，否则往往是酒店付出了昂贵的代价却不尽如人意。酒店最终是要保持一定的入住率，提高营业收入，使利润最大化，信息系统也应该建立在为客服务的基础之上。因此，酒店应结合自身的竞争优势制定信息化计划，要与自身的市场定位相吻合、与自身的管理需求相匹配、与自身的发展战略相一致。

目前，随着供大于求市场格局的形成和客户需求个性化趋势的发展，酒店客源市场细分化的经营理念向纵深发展。高度细分化意味着酒店面向更有针对性的客户群，客户也从细分市场中获得了最大的满足。

信息化酒店根据用途和特点可分为以下不同类型：

① 商务型信息化酒店。这类酒店以接待商务客户和公务者为主，包括一些观光者、散客、会议参加者等，一般都建立在大城市的市区内。酒店基础设施条件好，服务水平也是同行业的佼佼者。

② 公寓型信息化酒店。这类酒店集家庭功能与办公功能于一体，以接待家庭成员和商务或公务办事人员为主。

③ 度假型信息化酒店。这类酒店主要接待旅游度假者和疗养者，通常坐落在风景名胜区，主要是依靠各种娱乐体育健身项目来吸引顾客。度假型酒店的客源具有较强的季节性，给经营管理带来了一定程度的不利影响。

④ 会议型信息化酒店。这类酒店主要接待各种会议团体，根据自己的规模、档次和客源对象的不同配备多样化的会议设施，有的还拥有自己的会议中心，以满足大规模会务活动的需要。

4.2 信息化给酒店经营带来的影响

信息化的实质就是将酒店的对客服务、物料移动、事务处理、现金流动、客户交换等业务过程数字化、标准化。网络信息技术在旅游酒店中的广泛运用，使得酒店无论是在内部管理还是在外部营销等方面都发生了显著的变化。

第一，硬件设施智能化。硬件设施是涉外旅游酒店星级评定的一个重要指标。随着信息技术的快速发展，电子化、智能化、网络化的先进设施设备开始出现在现代化酒店内，磁卡锁、IC卡锁、感应卡锁、指纹触摸锁等各种安全性更高、含有高新技术的电子门锁取代了以往的弹子机械锁；集合了计算机存储与控制技术、宽带网络技术、数字通信技术等现代化信息技术的VOD（Video On Demand，即视频点播技术的简称，也称为交互式电视点播系统）。

第二，销代环节、过程简约化。在网络技术还没有出现以前，旅游者的需求满足过程要通过"旅游代理商—零代商—批发商，设计与生产服务产品—组团社—接待社—酒店—旅游者"这样一个相当长的流通环节。以互联网（Internet）为代表的 IT 苹果，极大地减少了旅游者与旅游厂商（旅行社、酒店）之间的信息传递时间与费用，旅游服务从需求的产生到满足之间的环节大幅度减少。其典型的例子是"旅游者（通过网络）提出需求—酒店提供相应服务—旅游者评价"。又如，酒店通过餐饮管理软件在从点菜、厨房分单到条码划菜、结账等环节全方位、智能化管理的基础上，又开始采用掌上无线点菜系统，使一到三个服务员就可以准确无误地完成 20 张餐桌原先需要 6 至 8 人的工作，使得服务流程大大简化，减少了跑冒漏滴，这不仅大大降低了人力资本，还大大提高了工作效率。

第三，预订系统多元化、一体化。目前，CRS（Central Reservation System，即中央预订系统）、CDS（Joint Distribution System，即联合分销系统）与万联网销代在酒店业成三足鼎立之态势。随着信息技术的不断完善，三者最终将连为一体。其中，CRS 与 CDS 已经出现相互渗透和融合的迹象。CDS 接纳集团酒店的 CRS 和其他中介预订组织，参与酒店客房的分销。旅游者通过对酒店的预订再经过 CDS 的数据处理后，进入酒店集团各自的预订系统，然后转发至被预订酒店。万联网的飞速发展与普及使得旅游电子商务出现迅速增长的势头。大多数 CDS 在继续保持原先的分销渠道和供应商的同时，积极开拓网上市场，开发自己与顾客直接联系的渠道，或者与万联网服务供应商建立伙伴关系。

第四，对客服务个性化。互联网高速化、互动式的特点，改变了酒店过去受空间、时间限制的服务方式和服务效率。过去许多需要中间商诸如旅行社、航空公司的介入才能完成的工作，现在可以通过酒店的信息管理系统来完成。一方面这使得旅游者有了更充分的信息来源，客人选择酒店产品的范围和权利大大提高。另一方面，酒店从中获得了更强大的信息处理和传输能力，可以更加深入、细致地进行市场调研和市场细分，建立详细的客户档案，记录曾经接待过的每一位客人在房间类型、朝向、餐饮口味等各方面的禁忌或是偏好，从而可以不受空间、时间限制及时满足消费者的个性化、特殊化的需求，实现"一对一"的特定营销。

第五，市场竞争全球化。信息技术的迅猛发展使旅游酒店业在全球范围内面临更加激烈的竞争。互联网的开放性、国际性和多媒体性使得旅游酒店的经营范围扩展到全球。电子商务扩大了酒店业的竞争领域，使企业从常规的广告、促销手段、产品设计等领域的竞争扩大到无形的虚拟竞争空间，这也为酒店提供了一个更为广阔、更具潜力的竞争领域。

4.3 信息化酒店的建设

随着科技和经济的不断发展，酒店计算机信息管理系统的网络化及旅游业的信息化为酒店业的发展插上了翅膀，酒店业应充分利用这些资源优势，尽早建立自己的信息化平台，并进一步与其他旅游经营商合作，建立信息网络，以取得更大的市场份额和更好的效益。

信息化建设就是从信息化平台入手，通过引入先进的计算机管理软件，整合、再造生产经营的管理流程，实现物流、资金流、信息流和工作流的集成，全力提升酒店管理的效率和效益。它的建设目标为"商务酒店信息化、信息服务网络化、网络服务全程化"，逐步实现国际化（管理市场向国际化发展）、网络化（经营手段向网络化发展）、个性化（酒店模式向个性化发展）的过程。加快发展信息化，使信息技术成为信息化酒店的发动机。目前需要多角度地推动，并同时具备以下特征：

（1）建立完善的信息管理系统，完成管理软件的升级以及软件的整合。从图4-1中我们看出：酒店信息管理系统包括前台、后台、扩充和接口四个系统，通过各系统的纵横连接，形成信息化管理系统的基本模式和结构。

酒店管理信息系统如图4-1所示。

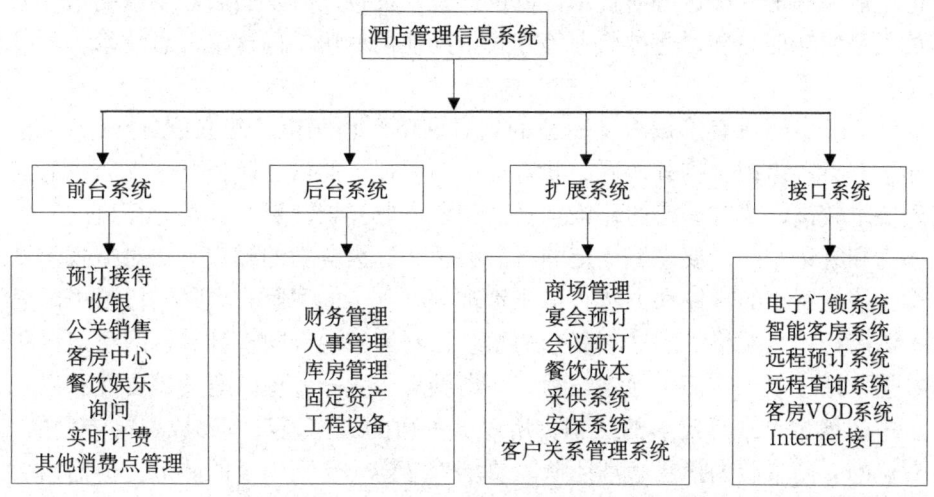

图4-1　酒店管理信息系统

(2) 实现办公自动化，以高科技手段强化管理，实现整个酒店信息交换的电子化，整合酒店资源，实现优势互补。

(3) 做好网站的建设，使网站成为行业咨询丰富、功能完善的专业化网站。开通电子邮件服务，提供电子预订、电子结账等功能，为客户提供完善、方便的在线服务；定期刷新网页，及时宣传酒店营销策略、新闻动态，实现互动式的营销模式，同时完善网络安全机制。

(4) 必须建立互动的扁平化、网络化组织结构。加强组织间的横向联系，在酒店内部做到即时信息、即时决策，减少中间环节，对市场和客户作出即时反应。

4.4 酒店信息化进程中的问题

随着信息技术广泛应用于酒店服务业，酒店的经营方式和管理方式都发生了新的变革。但是就像任何一个创新与变革一样，酒店业在推行信息化的过程也必然会遇到一些问题和阻力。

第一，信息化程度不均衡。就全球范围而言，中国及其他发展中国家酒店业的信息化进程要远远落后于欧美发达国家；就行业结构而言，低星级、经济型酒店的信息化进程要远远落后于高星级、商务型酒店。

第二，员工素质偏低，不能很好地跟上信息化的脚步。一些发展中国家，酒店从业人员的素质目前仍普遍比较低，不能很快适应信息化带来的新变化，也不能很好地掌握这些新技术，使用这些新设备。所以酒店需要帮助这部分员工尽快转变观念，通过培训等方式帮助他们尽快掌握这些信息技术、网络技术。

第三，还没有形成一支专业的信息网络管理队伍。建立信息网络系统，除了有行政组织机构外，还必须有一支精明强干的信息队伍。这支队伍的素质要求较高，要有一定的政策水平及旅游专业知识，更要具备计算机的应用能力和外语水平，要掌握一定的自然科学和社会科学的知识——对情报信息学、信息工作的规律和方法、信息管理等有一定的了解。但是，目前中国很多酒店把信息网络管理这项复杂的系统工程简单地等同于计算机网络建设和维护，把这项工作简单地划归酒店"电脑房"统一管理，对其重要性和在酒店中的地位也缺乏足够的认识，所以这方面的工作还没有形成一支专门的、专业的、高素质的信息管理团队，要培养这样一支高水平的队伍，仍需相当一段艰苦的工作。

【行业透视】

酒店信息化热潮下的冷思考

如今,科技进步、经济发展、各行业市场饱和、竞争加剧,酒店业也难逃这种境遇。所以酒店纷纷寻求以低成本改进服务品质、提升竞争力的渠道。在这种背景下,酒店信息化便成为最推崇的新型战略。但是,在酒店争相用信息化进行武装的时候,必须理性为之,不能盲目跟风。

一、酒店信息化手法展现

1. 网上预订

中国的电子商务于20世纪90年代起步,21世纪进入稳定发展阶段。如今3G的普及又使得全网全程的电子商务V5时代成型。在电子商务大行其道的年代,网上预订已成为酒店最基本的信息化步骤,在现代人随时随地上网的时代,网上预订无疑是比电话预订更便捷、更有效的手段。

2. 智能化管理

酒店如何节能降耗?如何用智能化手段提高酒店管理和工作效率?如何让各个智能系统紧密互联、协调工作?酒店智能化管理系统便是用来解决这些问题的工具。其中包括:楼宇设备控制系统、安全防范系统、计算机网络系统、集成管理系统等,通过以上系统可以对酒店的公共资源进行科学化的管理,降低运营成本,确保酒店的安全运行。另外,酒店还有一个包括数据采集、保存、处理、传输控制等的系统。从前台客人入住登记、结账到后台的财务管理、人事管理、采购管理、仓库管理都将与智能管理等系统连接融合,构成一套完整的酒店信息化体系,从而有效提高酒店工作效率。

3. 人性化服务

酒店业是一个服务为王的行业,今天的酒店服务已经不是单一的、传统的、由员工提供端茶、倒水、铺床、扫地等一系列人力服侍行为,而是要求从客人立场出发,通过信息化设备,提供全方位人性化服务,满足客人多样化和个性化需求。最明显的便是最近几年人气很高的数字客房——酒店客房通过客房多媒体技术,使客人能够在客房内实现电视收看、视频点播、电脑网络使用、信息咨询查看、请求服务互动、房间设施控制、酒店介绍查看等功能,提供个性化、人性化服务,满足客人高质量、高品质需求,提高客人满意度,提升酒店形象和品牌影响力。数字客房是现在酒店客房建设的核心,是酒店信息化建设的重中之重,客房多媒体"智慧e房"等也由此成为国内酒店吸引顾客的利器。

二、信息化时代酒店何去何从

1. 专业为本，创新为魂

信息化归根结底是科技时代的产物，技术过硬、不断创新是王道。在酒店信息化产品良莠不齐的当今，在量的基础上需要质来比肩，话语权要靠产品实力来赢取；在竞争如此激烈的数字化时代，快吃慢已成为管理者的座右铭，谁能时刻掌握潮流，谁能最先把握机遇，谁就将最先占领市场，成为行业的佼佼者。因此，不断创新是酒店时刻把握信息化风向标的动力。

2. 不求最贵，只求最适合自己

当各类酒店纷纷用信息化武装自己的时候，不能盲目跟风，要根据自身情况来设计，最贵的不一定最适合。比如，奢华酒店，资金比较充裕，可将智能化从头武装到脚；主题酒店，重在特色，可用信息化将自身特色进行完美诠释；而经济型连锁酒店，优势就在于方便、快捷。因此，不必去跟奢华酒店的智能化设备叫板，每个酒店都有自己独有的智能style（风格）。况且像"智慧e房"等都可以根据酒店进行个性化定制，立足酒店规模和目标，为酒店"量体裁衣"，打造最适合自己的智能化风格。

3. 酒店自行监控和管理

许多科技公司为酒店塑造一个信息化环境之后，酒店无法自己进行监控和管理，酒店若要进行节能控制、智能监控等都将受到阻碍。因此，酒店在进行信息化改进的时候，必须获取自己对于信息化方案的监控和管理权，这样才能在以后的运行中不断根据具体情况进行调整和更新。

当前，不可否认，互联网和智能化技术的发展加上政府政策的推动，酒店业的信息化已成必然之势。但是，在众酒店向着信息化一路狂奔的时候，切勿盲从，一定要从自身实际情况出发，选择专业的信息化产品，掌握控制权。

资料来源：慧聪酒店网（http://info.hotel.hc360.com/2012/12/311038471836.shtml）. 2012-12-31.

复习思考题

（一）名词解释
1. 酒店信息化
2. 信息化建设

（二）简答题
1. 酒店对信息化提出了哪些需求？
2. 信息化给酒店业经营带来了什么影响？
3. 简述酒店信息化进程中存在的问题。

第五章 酒店管理信息系统

5.1 酒店管理信息系统概述

酒店管理信息系统实质上是对酒店运行过程中人流、物流、资金流、信息流的管理，提高酒店的管理效益及经济效益，提高服务质量、工作效率，完善酒店内部管理机制，提高酒店服务水平等，从而为酒店管理带来作业流程的标准化、服务水平的量化、快捷有效的沟通手段、经验知识的共享、公关信息的传播、客户关系管理、经营成本分析和预警、数据挖掘等。通过IT技术渗透到酒店营运的各个环节，可以为酒店带来收入增长、提高全员生产力、积累数据库资产，从而在市场竞争中处于不败之地。

5.1.1 酒店管理信息系统的概念

管理信息系统（Management Information System，简称MIS）是一个以人为主导，利用计算机硬件、软件、网络通信设备以及其他办公设备，进行信息的收集、传输、加工、存储、更新和维护，以企业战略竞优、提高效益和效率为目的，支持企业的高层决策、中层控制、基层运作的集成化的人机系统。

作为管理信息系统在酒店业的应用，酒店管理信息系统（Hotel Management Information System，简称HMIS）是以酒店员工为主导，利用现代信息技术支持酒店业企业经营、管理和决策的人机系统。酒店作为一个比较特殊的行业，是企业管理要求最为严格的一个行业。为满足酒店行业的特殊要求，酒店管理信息系统应运而生。作为管理信息系统中的又一个重要分支，它实现的是计算机管理系统在酒店中的具体应用，如5-1所示。

5.1.2 酒店管理信息系统的特点

1. HMIS是现代酒店管理的一个辅助系统

HMIS（酒店管理信息系统）是一个以人为主体的人机综合控制系统。整个现代酒店的管理还是依靠人,计算机仅是一个数据处理的工具。管理人员依据计算机数据处理的结果信息,迅速作出管理决策,以达到有效经营管理的目的。

2. HMIS是一个开放式的系统

HMIS是一个具有输入、输出的开放式系统,输入的是各种票据、登记记录、账单、报表等;输出的是各种统计报表、汇总表等,通过输入输出控制整个饭店的物流和资金流。因此,HMIS是一个开放式的系统。

3. HMIS是一个具有层次性的系统

现代酒店的科学管理具有很明显的等级制,各级管理职责分明,分工明确,下级服从上级。HMIS为了适应这种管理也将软件设计成相应的层次,一般分为三个层次,即最低层为作业层、中间层是管理层、最高层是决策层。

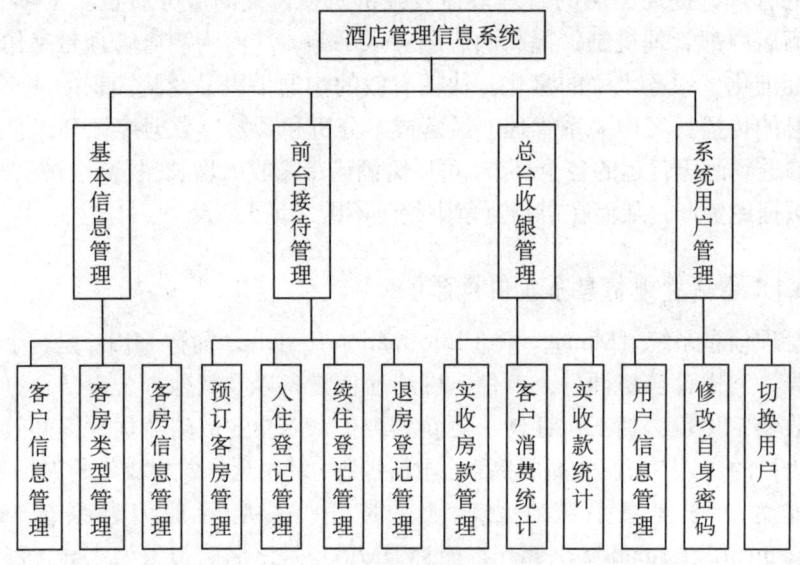

图 5-1　酒店管理信息系统

5.1.3 酒店管理信息系统的作用

酒店管理信息系统是酒店管理者的最大协助者,其作用主要表现在以下几个方面:

1. 提高酒店的管理效益及经济效益

应用酒店管理系统可以通过节省大量的人力物力,增加酒店的服务项目,提高酒店的服务档次,减少管理上的漏洞,从整体上提高酒店的经济效益。

例如，完善的散客和团体预订功能可防止有房不能租或满房重订的情况出现，可随时提供准确和最新的房间使用和预订情况，从而提高客房出租率；客人费用的直接记账，不仅减少了票据的传送，而且避免了管理上的混乱，更主要的是有效地防止逃账的发生；完善的预订功能可用于市场销售，如确定宣传的重点地区和如何掌握价格的浮动等；及时控制超过信用限额的客人，随时催促欠款的结算；电话费自动计费及电话开关控制，可杜绝话费的逃账；正确控制房价，从而提高客房收入；控制客人优惠，减少管理漏洞。

2. 提高酒店服务质量

计算机处理信息的速度很快，可以大大减少客人入住、用餐、娱乐、结账的等候时间，提高对客人的服务质量，提供及时、准确、规范的服务。快速的饭店客人信息查询手段，使客人得到满意的答复。餐费、电话费、洗衣费、客房饮料费、电话传真费、酒吧饮料费等费用的一次性结账管理，不仅大大方便了宾客，也提高了酒店的经营管理水平。回头客自动识别、黑名单客人自动报警、VIP客人鉴别等均有利于改善酒店的形象。快速的结账处理，减少客人离店等待时间。清晰准确的账单、票据、表格，使客人充分感受到酒店的高效服务。完善的预订系统，使客人的入住有充分的保证。

3. 提高酒店工作效率

大中型酒店每天的客流量很大，因此客房状况统计、订房信息记录、信息登记、查询提供、账单结算等的业务量也很大，如用手工方式进行上述业务运作，速度很慢，需要的人手也多，出现错误的可能性也大，计算机管理则可以大大提高业务运作的速度和准确性。例如，电脑的自动夜间稽核功能结束了手工报表的历史，电脑资料的正确保存避免了手工抄写客人名单的低效工作；严格的数据检查可避免手工操作的疏忽而造成的错误，减轻职工的工作压力，从而提高工作效率；减少票据的传送、登记、整理分类、复核等一系列的繁重劳动。

4. 完善酒店内部管理体制

酒店管理系统在建立营业库的同时，还建立了人事库，进一步形成企业严格的管理体系，使企业各岗位的考核管理工作更趋于科学化、准确化、系统化。酒店管理系统在酒店管理体系中还发挥着强有力的稳定作用，可以明显减少员工及各管理人员的流动对酒店管理运作的不良影响，是使酒店形成有特色管理的一个重要组成部分。

5. 全面了解营业情况，提高酒店决策水平

酒店的管理层在面对市场竞争时，更需要加强对各种营业进行预测分析，

对酒店经济状况进行全面分析，而酒店计算机系统能提供完备的历史以及当年度的数据，又可提供各种分析模式，这使管理人员很方便地完成复杂的分析工作。管理层还离不开对酒店运营的内部控制，如控制客房数量、餐饮原料数量、客房消耗品数量。由于酒店计算机系统能提供更好、更完备的信息管理，可很好地增强酒店管理人员的控制决策水平。

5.2 酒店管理信息系统的发展

酒店管理信息系统（HMIS）是管理信息系统（MIS）中的一个重要分支，它是计算机管理系统在酒店中的具体应用。1963年，美国的希尔顿酒店安装了一台 IBM 的小型计算机，用于酒店客房的自动化管理，标志着现代信息技术开始进入酒店领域。到了20世纪80年代，国外的酒店管理信息系统，如 EECO、HIS、CLS 等，整个模式已基本定型，技术较成熟，功能也较齐全。20世纪90年代，酒店管理信息系统真正成为酒店经营战略的一部分，具有代表性的是 HITS 基于 AS400 和 DB2 的小型机解决方案及 Fidelio 基于 Clipper 的微机数据库解决方案。

近年来，随着与信息系统相关的信息技术、网络技术、管理技术的飞速发展，尤其是互联网（Internet）技术的迅猛发展，酒店管理信息系统的结构和思想基础已经发生了巨大的转变。国外先进的酒店管理信息系统无一例外地采用了现代信息技术的最新成果，普遍采用了诸如图形用户界面技术（Graphical User Interface，简称 GUI，又称图形用户接口）、结构化查询语言（Structured Query Language，简称 SQL）、关系数据库管理系统、面向对象技术、计算机辅助软件工程、C/S 结构、B/S 结构等技术，实现了更为开放的不同平台的相互操作。

同时，融合了 Web、HTML、图文图像结合的多媒体开放文档体系结构、交互式对象和全文检索等各项新技术，为大规模内部及外部信息的组织、发布、处理提供了更有力的手段。国内酒店管理信息系统的开发始于20世纪80年代初。从事该方面工作的主要有清华大学自动化系、西安交通大学和浙江省计算机技术研究所等。

20世纪80年代中后期，随着国外酒店管理信息系统的大规模引进，国外酒店的先进管理技术进入我国，进一步促进了我国酒店管理技术的发展。国内系统正是在充分吸收国外管理系统的精华，结合国内实际情况的基础上，逐步发展成熟的。20世纪90年代初期形成了几个较成熟的软件系统，同时产生了一些专门从事酒店管理信息系统开发的公司。

虽然国内酒店管理信息系统的开发和应用已有近30年的历史，但终究起步较晚，大多数还停留于七拼八凑的水平之上，与国际先进水平的差距非常突出，已经成为制约我国酒店业进一步发展的重要瓶颈。

5.2.1 酒店管理信息系统的结构变化

HMIS 包含了硬件结构和软件结构两个方面，下面分别进行讨论。

（1）硬件结构

硬件结构指 HMIS 的物理结构，是指 HMIS 硬件系统的拓扑结构。硬件结构一般有三种类型：单机批处理式、集中式和分布式，它们是随着计算机技术的发展而产生的。

①单机批处理结构。早期的 HMIS 都是这种结构，这种结构由一台主机、显示器、键盘、打印机等组成，装上 HMIS 软件就构成了完整的 HMIS 系统。由于这种结构对数据的共享和实时处理性能较差，目前已很少使用。

②集中式处理结构。20 世纪 70 年代到 20 世纪 80 年代末，随着计算机技术的发展，出现了多台终端的联机系统，通过终端与计算机联系，进行各类数据处理的作业，这就是集中式数据处理结构。联机集中式处理结构采用一台或两台小型计算机或超级微型机作为主机，管理人员可以在任何时间，通过各终端与主机联系，进行各类数据处理作业。

集中式处理结构是酒店管理信息系统最理想的结构。它采用一台或二台小型计算机或超级微机作为主机，使用人员通过各终端与主机联系，进行各类处理数据作业。集中式处理结构数据处理能力强，数据安全，可靠性高。缺点是终端本身没有处理能力，系统处理速度将随终端数量的增加而明显减慢，而且一般终端只有字符界面，用户界面不美观。因此，随着 PC 机及 Windows 的流行，它已逐渐被市场淘汰。

③分布式处理结构。这种系统以一台或几台高档微机作为网络服务器，通过网络连接各个工作站，而各个工作站都是一台独立的微型计算机，本身都具有数据处理的能力，需要时又可以联机入网，在服务器内处理数据，所以称分布式处理结构。以前流行的局部网络系统（文件服务器结构，基本上是 DOS 系统），基本已淘汰，目前较流行的 C/S 模式（客户机/服务器结构）都是分布式结构。

随着通信技术的发展，互联网（Internet）的普及，分布式结构实现了远程数据处理。这种广域网分布结构更适合酒店集团的信息管理和服务，酒店可以通过 Internet 直接向客人提供各种服务。从计算机应用的发展趋势看，基于 B/S（浏览器/服务器）模式的广域网方式是今后发展的方向。

(2) 软件结构

软件功能结构是根据管理的层次和要求的功能导出并划分的。对于酒店来说，是根据酒店的管理层次以及为了完成酒店业务数据处理要求而定义的功能模块。在酒店业务管理中，系统功能一般分为前台和后台两大部分。

5.2.2 目前流行的酒店管理信息系统结构

目前市场上的酒店管理信息系统对子系统的划分并不完全相同，大体上可以分为前台系统、后台系统、决策系统和接口四个子系统。每个子系统又可以分成多个模块，流行的构成方式大致有以下几种：

1. 客户机／服务器（C/S）结构

C/S（Client/Server，客户机/服务器）结构，即大家熟知的客户机和服务器结构。它是软件系统体系结构，通过它可以充分利用两端硬件环境的优势，将任务合理分配到客户（Client）端和服务器（Server）端来实现，降低了系统的通信开销。目前，大多数应用软件系统都是 Client/Server 形式的两层结构。由于现在的软件应用系统正在向分布式的 Web 应用发展，Web 和 Client/Server 应用都可以进行同样的业务处理，应用不同的模块共享逻辑组件，因此，内部的和外部的用户都可以访问新的和现有的应用系统，通过现有应用系统中的逻辑可以扩展出新的应用系统。这也就是目前应用系统的发展方向。

Client/Server 系统中客户机负责执行前台功能，如管理用户接口、数据处理和报告请求等；而服务器执行后台服务，如管理共享外设、控制对共享数据库的操纵、接受并应答客户机的请求等。这种体系结构将一个应用系统分成两大部分，由多台计算机分别执行，使它们有机地结合在一起，协同完成整个系统的应用，从而达到系统中软、硬件资源最大限度的利用。

在过去的几年里，C/S 模式为实现企业级的信息共享起到了举足轻重的作用。但随着用户规模的日益扩大，应用程序复杂程度的不断提高，传统的 C/S 模式暴露出了许多问题。当用户的需求改变时，Client 端应用软件可能需增加新功能或修改用户界面等；当客户数量很大时，维护的难度就大大增加。另外，C/S 模式所采用的软件产品大都缺乏开放的标准，一般不能跨平台运行，当把 C/S 模式的软件应用于广域网时就暴露出更大的不足。

C/S 结构的优点是能充分发挥客户端 PC 的处理能力，很多工作可以在客户端处理后再提交给服务器。对应的优点就是客户端响应速度快。具体表现在以下两点：

(1) 应用服务器运行数据负荷较轻。最简单的 C/S 体系结构的数据库应用由两部分组成，即客户应用程序和数据库服务器程序。二者可分别称为前台程序与后台程序。运行数据库服务器程序的机器，也称为应用服务器。一旦服务器程序被启动，就随时等待响应客户程序发来的请求；客户应用程序运行在用户自己的电脑上，对应于数据库服务器，可称为客户电脑。当需要对数据库中的数据进行任何操作时，客户程序就自动地寻找服务器程序，并向其发出请求；服务器程序根据预定的规则作出应答，送回结果，应用服务器运行数据负荷较轻。

(2) 数据的储存管理功能较为透明。在数据库应用中，数据的储存管理功能是由服务器程序和客户应用程序分别独立进行的，并且通常把那些不同的（不管是已知还是未知的）前台应用所不能违反的规则在服务器程序中集中实现，如访问者的权限，编号可以重复、必须有客户才能建立订单这样的规则。所有这些，对于工作在前台程序上的最终用户，是"透明"的，他们无须过问（通常也无法干涉）背后的过程，就可以完成自己的一切工作。在客户服务器架构的应用中，前台程序不是非常"瘦小"，麻烦的事情都交给了服务器和网络。在 C/S 体系下，数据库不能真正成为公共、专业化的仓库，它受到独立的专门管理。

2. 浏览器／服务器（B/S）结构

B/S（Browser/Server，浏览器／服务器）结构，是 Web 兴起后的一种网络结构模式。Web 浏览器是客户端最主要的应用软件。这种模式统一了客户端，将系统功能实现的核心部分集中到服务器上，简化了系统的开发、维护和使用。

Browser/Server 模式的数据库体系，一般是利用 Web 服务器和 Active Server Pages（动态服务器网页，简称 ASP）作为数据库操作的中间层，将浏览器／服务器模式的数据库结构与 Web 技术密切结合，从而形成具有三层 Web 结构的浏览器／服务器模式的数据库。用户只要在内网（Intranet）上建立自己的 Web 服务器，并通过 Web 服务器与数据库服务器连接，就能大大地降低软件维护开销。采用 Browser/Server 模式，只需开发和维护服务器端应用程序，而服务器上所有的应用程序都可通过 Web 服务器在客户机上执行，客户机只需安装 Web 浏览器，从而统一了用户界面，可以方便地实现跨平台操作。

浏览器／服务器（B/S）结构的特点如下：

(1) 维护和升级方式简单。当前，软件系统的改进和升级越发频繁，B/S 架构的产品明显具有更为方便的特性。对一个稍微大一点的单位来说，系统管理人员如果需要在几百甚至上千部电脑之间来回奔跑，效率和工作量是可想而知的，但B/S架构的软件只需要管理服务器就行了，所有的客户端只是浏览器，根本不需要做任何的维护。无论用户的规模有多大，有多少分支机构都不会增加任何维护升级的工作量，所有的操作只需要针对服务器进行；如果是异地，只需要把服务器连接专网即可，实现远程维护、升级和共享。所以，客户机越来越"瘦"，而服务器越来越"胖"，是将来信息化发展的主流方向。今后，软件升级和维护会越来越容易，而使用起来会越来越简单，这对用户人力、物力、时间、费用的节省是显而易见的，惊人的。因此，维护和升级革命的方式是"瘦"客户机，"胖"服务器。

（2）成本降低，选择更多。大家都知道Windows在桌面电脑上几乎一统天下，浏览器成为标准配置，但在服务器操作系统上Windows并不是处于绝对的统治地位。当前的趋势是凡使用B/S架构的应用管理软件，只需安装在Linux服务器上即可，而且安全性高。所以服务器操作系统的选择是很多的，不管选用哪种操作系统都可以让大部分人使用Windows作为桌面电脑操作系统不受影响，这就使得最流行免费的Linux操作系统快速发展起来。Linux除了操作系统是免费的以外，连数据库也是免费的，这种选择非常盛行。

比如，很多人每天上新浪网，只要安装了浏览器就可以了，并不需要了解新浪的服务器用的是什么操作系统，而事实上大部分网站确实没有使用Windows操作系统，但用户的电脑本身安装的大部分是Windows操作系统。

（3）应用服务器运行数据负荷较重。由于B/S架构管理软件只安装在服务器（Server）端上，网络管理人员只需要管理服务器就行了，用户界面主要事务逻辑在服务器（Server）端完全通过WWW浏览器实现，极少部分事务逻辑在前端（Browser）实现，所有的客户端只有浏览器，网络管理人员只需要做硬件维护。但是，应用服务器运行数据负荷较重，一旦发生服务器"崩溃"等问题，后果不堪设想。因此，许多单位都备有数据库存储服务器，以防万一。

3. 软件即服务（SaaS）结构

SaaS（Software as a Service）在业内的叫法是软件运营，或称软营。软营是一种基于互联网提供软件服务的应用模式。它是一种随着互联网技术的发展和应用软件的成熟，在21世纪开始兴起的完全创新的软件应用模式，是软件科技发展的最新趋势。

SaaS提供商为企业搭建信息化所需要的所有网络基础设施及软件、硬件运作平台，并负责所有前期的实施、后期的维护等一系列服务，企业无须购买软硬件、建设机房、招聘 IT 人员，即可通过互联网使用信息系统。就像打开自来水龙头就能用水一样，企业根据实际需要，向 SaaS 提供商租赁软件服务。

SaaS 是一种软件布局模型，其应用专为网络交付而设计，便于用户通过互联网托管、部署及接入。SaaS 应用软件的价格通常为"全包"费用，囊括了通常的应用软件许可证费、软件维护费以及技术支持费，将其统一为每个用户的月度租用费。

对于广大中小型企业来说，SaaS 是采用先进技术实施信息化的最好途径。但 SaaS 绝不仅仅适用于中小型企业，所有规模的企业都可以从 SaaS 中获利。

2008 年前，IDC 将 SaaS 分为两大组成类别：托管应用管理（Hosted AM）——以前称作应用服务提供（ASP），以及"按需定制软件"，即 SaaS 的同义词。从 2009 年起，托管应用管理已作为 IDC 应用外包计划的一部分，而按需定制软件以及 SaaS 被视为相同的交付模式对待。

SaaS 已成为软件产业的一支重要力量。只要 SaaS 的品质和可信度能继续得到证实，它的魅力就不会消退。

目前在我国，客人办理酒店的入住手续比较复杂，登记、审查，还要出示身份证等；相比较而言，国外的入住流程就简化很多，办理入住的手段也比较丰富。随着我国第二代居民身份证的施行和推广，新的身份证不但可以被扫描，而且可以被阅读，这种功能的增加必将给身份证的使用带来新的方式，也为酒店实现顾客自助服务带来契机。在这种情况下，酒店管理信息系统必须由内部封闭管理转变为开放服务，由面向内网（Intranet）转变为面向互联网（Internet），由内部员工操作转变为向广大顾客提供易于使用的友好界面，从而使顾客不必到酒店就能够通过 Internet 自助完成登记、订房、退房、结账等操作。因此，酒店管理信息系统由 C/S 模式向 B/S 模式、SaaS 模式的转变是不可避免的。

5.2.3 酒店管理信息系统的发展趋势

随着信息技术的发展和酒店业本身经营方式的变革，酒店管理信息系统新的系统特点及发展方向不断涌现，其主要发展趋势包括以下几个方面：

1. 专业化

时代的发展使市场需求呈现多样化、个性化的态势，酒店越来越注重市场需求的细分化，很多酒店开始实行"小市场、大份额"战略，通过开发个性化产品和提供个性化服务来赢得目标顾客。经济型酒店、现代商务酒店、青年旅馆、汽车旅馆、酒店公寓、温泉度假村等都有各自明确的市场定位。

国际酒店业的专业化、个性化发展既是长期竞争的结果，也与信息技术的应用有一定关系，因为酒店的准确定位是建立在对市场、顾客信息的详细分析基础上的，这需要借助于信息技术手段。

与此同时，随着酒店客人需求的变化和市场竞争加剧，酒店的营销策略也呈多元化趋势，客人们的旅行目的、住店需求肯定有着形形色色的差别，而酒店管理信息系统应该能够对顾客的需求进行详细分析，从而为不同的客户群提供有特色的服务。因此，酒店管理信息系统的开发决不能千篇一律，必须按照酒店本身的市场定位实现专业化和特色化。

例如，经济型酒店是目前酒店业发展中的一个热点，不同于一般的星级酒店，它仅提供有限的服务。因此，为其开发的酒店管理信息系统就必须简单明了，尽量做到培训简单、操作简便、维护方便、实施周期短，总而言之就是要控制实施成本，做到以量取胜。尽管经济型酒店单体系统往往功能要求简单，但由于这些酒店经常是连锁经营，因此，集团化管理功能，如中央预订、常客计划、集团营销等，是必不可少的。

2. 集团化

集团化经营策略是当前酒店业发展的必经之路。雅高（Accor）集团旗下有将近4000家酒店，万豪（Marriott）集团则有2600余家使用万豪、万丽、丽兹卡顿等品牌的酒店，希尔顿（Hilton）超过500家，国内最大的锦江集团也拥有150家酒店。酒店业将不再局限于传统上的价格竞争，它将是各酒店集团连锁品牌和各酒店之间运用网络系统的整体营销竞争。

酒店的集团化管理不仅仅是指成员酒店的报表数据汇总、数据信息的上传下递等简单的管理，而是将集团下属所有酒店资源整合在一起，形成一个完整的系列。集团总部可以通过Internet有效地管理各地的酒店，及时了解各酒店之间的经营情况，各酒店之间也可通过Internet实现信息互传，并为客人提供服务。相对应的酒店管理信息系统就必须满足酒店集团化的要求。

集团化酒店管理信息系统是基于Internet的，包括集团中央预订系统、超常客计划、集团营销及客户管理系统、集团统一财务系统、集团统一采购系统等更高层次上的信息管理系统。目前，集团化酒店信息管理系统的数据库结构主要有以下两种方式：

一种是中央数据库集中方式，即所有成员酒店及集团总部的数据集中存放在集团中央数据库，容易实现数据的一致性，有利于集团统一管理和控制。这种方式适合于投资主体单一的酒店集团。

另一种是分布式数据库方式，即集团中央数据库与成员酒店数据库相结合，数据分布存贮、分布计算。集团和连锁酒店各自能强化自己本身的业务运算，效率较高，一次性投入的经济风险小，受网络设施影响较小，整体系统的安全性较高，容易被集团的各种酒店业主所接受。这种方式适合于发展连锁酒店的酒店集团。

3. 集成化

目前，酒店建设向着集成化、智能化的方向发展。酒店内部有许多系统，尤其是高星级酒店系统就更多。这些系统通过集成和互联才能更好地发挥作用，才能更好地体现效果。要实现多个系统的集成与互联，标准和协议是必不可少的。通过标准和协议，规范各系统之间的关系，使得资源能够合理配置，这样才能易于工程的实施和进行高效的运营维护，提高酒店对客人的服务品质。

例如，客人进店后，酒店前台系统通过接口对客房系统发出指令。客房空调系统在客房待租时，运转在低能消耗状态，接到系统指令后，进入节能运行状态；夏天需要提供冷风，冬天需要提供暖风。客房电视系统接到指令后，在客人打开电视时会根据客人的母语显示相应的欢迎词，显示点播节目、账单查询和做好互动准备。酒店的门锁、POS 系统与前台系统协议连接，为客人的"一卡通"消费提供便利。

酒店管理信息系统作为一个综合概念，经过不断的建设和发展，正逐渐形成一个涵盖数据采集、信息保存、信息处理、传输控制等的集成信息系统。目前，酒店管理信息系统除一般集成电话交换机、门锁系统、语音信箱、VOD（视频点播）等系统外，已有许多酒店采用通过 Internet 与银行、公安局中心数据库系统的集成；而酒店管理信息系统与客房智能控制系统、酒店信息展示系统、客房管理系统的接口实现，将使酒店的服务和管理水平提升到更高层次上。

4. 标准化

随着酒店管理的发展和市场竞争日趋激烈，各酒店逐步采用标准化、制度化及预算管理、目标管理、定额管理、数理统计分析等科学的管理方法。因此，目前的酒店管理信息系统大多按照酒店的标准化业务程序流式设计，对酒店的人流、物流和资金流进行统筹规划。

酒店业涉及的信息系统和产品众多，酒店业的应用系统不同，各家供应商的软件系统也各不相同；如果缺乏统一的行业标准，各个供应商相互协调十分不便。一方面会造成各子系统互不兼容，导致资源浪费；另一方面也会阻碍系统整体水平的提高，无法完全符合酒店的需要。

对于一家酒店，如果各部门使用的是不同的平台、不同的软件，当员工进行软件操作时，需要学习各种软件，这样不但使员工的学习成本增高，也同时影响酒店的效率。对于连锁酒店集团而言，酒店不但需要耗费大量财力去维护不同的平台，而且当未来同一连锁集团的酒店共享服务中心或实施电子商务时，平台整合的任务会非常困难，成本也十分昂贵。

5.3 酒店管理信息系统介绍

酒店信息系统所涉及的内容非常广泛。在酒店日常经营中，最重要的是酒店前台系统（Property Management System，简称PMS）。酒店前台系统是酒店业最早实现信息化的部分，也是酒店信息系统最重要的组成部分，其主要功能包括客户资料管理、客户管理、收银与账务管理、客房管理、夜审、报表、系统维护等模块。美国易可（ECI）电脑公司最早使酒店前台业务实现了计算机管理，主要包括了预订、排房、结账、客史资料、餐厅、查询、夜审及市场分析等。以下分别介绍国内外使用较多的软件系统。

5.3.1 常见国外酒店管理信息系统

以下简单介绍国际上著名的、在国内使用较多的软件系统：

1. ECI（EECO）酒店系统

ECI系统是美国易可（ECI）电脑公司最早于1969年开发的酒店信息系统，被全世界公认为酒店电脑系统的翘楚。ECI公司是美国加州电子工程公司（Electronic Engineering CO.，简称EECO）所属的子公司，因此该软件也称EECO系统。1970年，在美国夏威夷的喜来登饭店（Sheraton Hotel）安装了全世界第一台ECI酒店电脑系统。经过20多年的发展，在其鼎盛时期，全世界有600多家用户（中国有60余家），如杭州香格里拉、桂林文华、广州中国大饭店、北京天伦、青岛海天等。ECI系统采用的是集中式标准多用户系统，目前已被淘汰，还在使用的是其第三代产品GEAC/UX系统。

2. HIS酒店系统

酒店业资讯系统有限公司（Hotel Information Systems，简称HIS）于1977年成立，总部位于美国洛杉矶，目前是美国上市公司MAI Systems Corporation的全资公司，全盛时期在全世界80多个国家拥有4000多家用户，如中国的北京王府、北京中国大饭店、北京长城、上海锦江、上海华亭、上海希尔顿、广州花园、浙江世贸中心等，而香港采用HIS系统的高星级酒店最多时占了75%左右，目前该系统已有许多被更换。

HIS系统原采用标准多用户系统，名称为Paragon System，主机采用IBM

公司的 AS400 小型机，数据库采用 DB2，一般用于高星级酒店。之后推出 Innovation System，采用 Novell 局域网络，数据库使用 Btrive/Oracle，一般用于中高星级酒店。后来推出的产品是 HIS 龙栈系统（Lodging Touch System），采用基于 Windows NT 的 C/S 体系结构，国内用户不多。

3. Fidelio 酒店系统

Fidelio Software GmbH 于 1987 年 10 月在德国慕尼黑成立。成立 4 年后即成为欧洲领先的酒店软件产品，成立 6 年后即跃居世界酒店信息系统供应商之首，后来该公司合并入美国 Micros System Inc. 公司。

目前已经在全球 1.6 万余家酒店、豪华游艇和休闲别墅使用，在国内四星级以上市场占有 40% 左右的市场份额；在五星级酒店市场，占有超过 70% 的市场份额，而且是目前外资或外方管理的酒店采用最多的软件。1995 年，公司在香港成立了 Fidelio Software（China）Limited，专门开发中国大陆市场。1996 年 8 月在北京注册了办事处，1997 年 7 月在上海成立办事处，1998 年 12 月成立上海分公司。自 2003 年 7 月起，MICROS 公司与北京中长石基信息技术股份有限公司（简称石基公司）签订中国大陆市场（不包括香港、澳门、台湾）独家技术许可协议，石基公司全面代理 MICROS 公司 Fidelio 和 OPERA 在中国内地的全部销售。

4. OPERA 酒店系统

OPERA 酒店系统是美国 MICROS 公司在 MICROS-Fidelio 系统的基础上开发的新版本。作为企业级软件解决方案（OPERA Enterprise Solution）包含了 OPERA 前台管理系统（OPERA Property Management System，简称 OPERA PMS）、OPERA 销售宴会系统（OPERA Sales & Catering，简称 OPERA S&C）、OPERA 物业业主管理系统（OPERA Vacation Ownership System，简称 OPERA VOS）、OPERA 工程管理系统，以及 OPERA 中央预订系统（OPERA Reservation System）、OPERA 中央客户信息管理系统（OPERA Customer Information System）和 OPERA 收益管理系统（OPERA Revenue Management）等。其中，OPERA 前台管理系统是其核心部分，简称 OPERA PMS，它可以根据不同酒店之间运营需求的多样性，来合理地设置系统以贴合酒店的实际运作。

MICROS 公司除单体酒店模式外，还提供多酒店模式。通过一个共享的数据库，为多个酒店提供数据存取甚至相互访问。除了针对酒店集团和高星级酒店的 OPERA 以外，MICROS 公司还开发了精简版的 OPERA EXPRESS，缩减了一些高端功能，以适合小规模的商业运营，节约使用成本。

5. Sinfonia 酒店系统

2006 年，石基公司北京信息购得 Fidelio V7 源码，与 Micros-Fidelio 共享版权。2009 年，石基公司推出 Sinfonia Version 1.0。Sinfonia 在 Fidelio 基础上针对中国用户的需求作了修正。

5.3.2 常见国产酒店管理信息系统

1. 华仪软件

1979 年，清华大学教授金国芬为北京前门饭店开发了一个具有查询功能的酒店管理软件，开创了国内酒店管理的先河。1987 年，华仪公司成立，并开发了华仪酒店管理系统，目前最新版本为 HY.COM 版本。主要产品系列见表 5-1 所示。

表 5-1 华仪软件主要产品系列

产品名称	针对客户群	典型客户
华仪 .com 版本	星级酒店	北京九华山庄温泉酒店
华仪锦秋之星	经济型酒店	

2. 西湖软件

1993 年 6 月，杭州西湖软件有限公司成立，成为最大的国产酒店信息系统公司。公司研发了西湖软件（Foxhis 系统），目前最新版为 X5 版。西湖软件有限公司于 2006 年 12 月 18 日与 Fidelio 和 OPERA 系统的国内代理商北京中长石基信息技术股份有限公司合并。2007 年，石基信息（002153）在深圳中小企业版上市。主要产品系列见表 5-2 所示。

表 5-2 西湖软件主要产品系列

产品名称	针对客户群	典型客户
X 系列	国际化高端星级酒店	南京金陵饭店集团 锦江国际酒店集团 首旅建国酒店集团
V 系列	三至五星级酒店	
C 系列		
S 系列	快捷连锁酒店	上海莫泰连锁酒店

3. 中软好泰

北京中软好泰酒店计算机管理系统工程有限责任公司（简称：中软好泰司）成立于1995年，研发了中软好泰系统CSHIS。详见表5-3所示。

表5-3 中软好泰主要产品

产品名称	针对客户群	典型客户
CSHIS	星级酒店	钓鱼台国宾馆 京都信苑饭店 上海紫金山大酒店

4. 千里马饭店管理系统

广东劳业电脑系统开发公司于1993年推出千里马饭店管理系统DOS版，1998年推出Windows版（采用C/S结构，用VB开发，采用Windows NT/2000平台，使用SQL Server数据库），到目前有300家左右饭店用户，主要分布在广东、湖北、湖南、四川等省市。劳业公司于1998年被香港万达电脑系统有限公司收购，改名为广州万迅电脑软件有限公司。详见表5-4所示。

表5-4 千里马饭店管理系统产品

产品名称	针对客户群	典型客户
豪华版	星级酒店	索菲亚大酒店（青岛） 泛海名人酒店 广业锦江酒店

5. 泰能软件

1993年，清华大学博士倪源滨先生创办了泰能公司。1994年，泰能公司推出Windows版饭店管理系统；1996年，推出Windows95版饭店管理系统；1999年，推出饭店管理系统THIS2000。2006年，泰能公司重组，成立北京泰能软件有限公司。同年，泰能整合上海沪泰信息科技有限公司。2007年，泰能Delta饭店管理系统V2008上市。主要产品系列见表5-5所示。

表5-5 泰能软件主要产品系列

产品名称	针对客户群	典型客户
Delta V2008	四星、五星级高端酒店	青岛山孚大酒店山西迎泽酒店
快捷星	中国内地的低星级酒店、度假村等	北京汤山假日会议中心青岛红日酒店
智隆酒店管理系统	经济型酒店	

6. 北京石基公司

1998 年，李仲初创办北京中长石基网络系统工程技术有限公司，专门从事酒店信息系统的研究与开发，2001 年 12 月 21 日改制为股份有限公司。自 2003 年 7 月起，石基公司与 MICROS 公司签订中国内地市场（不包括香港、澳门、台湾）独家技术许可协议，全面代理 MICROS 公司 Fidelio 和 OPERA 在中国大陆的全部销售。

石基公司还与北京世纪泰能科技有限公司共同设立北京泰能软件有限公司，石基公司以现金 500 万元出资，占公司注册资本金额的 65%，为低星级酒店提供服务。石基公司又在 2006 年 12 月 18 日与当时国内最大的酒店信息系统提供商杭州西湖软件公司合并，在国资酒店软件的开拓上进一步加强力量。

5.4 酒店管理信息直连系统

随着我国在线旅游市场整体的快速增长，酒店在线分销的趋势已渐成必然。但目前国内大部分酒店欠缺自建及运营网站的能力，且没有强大的网络直销策略、充足的市场资金等，在线分销渠道在成为最好的选择的同时，对中小酒店而言，负担不起各个分销渠道的管理成本却成为新的阻碍。酒店可以与在线旅游代理（Online Travel Agent，简称 OTA）平台实现直连，为酒店铺设高效的销售渠道。

5.4.1 OTA 和酒店分销流程说明

该产品线主要由 OTA、渠道管理平台、PMS 三个部分相连构成。首先，OTA 市场经理与酒店完成签约；然后，OTA 给酒店创建 EBK 用户名密码，指导酒店初始化内容设置，培训使用后台维护房量、房价、房态和订单信息；最后，酒店日常登录此后台，进行管理、调整价格产品信息，接受订单再手工输入酒店管理系统（Property Management System，简称 PMS）。此时，PMS 端提供酒店房型信息、房价信息、房态等客房销售信息，如有更改及时与渠道管理平台同步，再由渠道管理平台与 OTA 同步数据。客人通过 OTA 预订时向渠道管理平台发送预订信息，由 PMS 端接收预订信息，并将预订信息写入 PMS 系统，实现预定（如图 5-2 所示）。

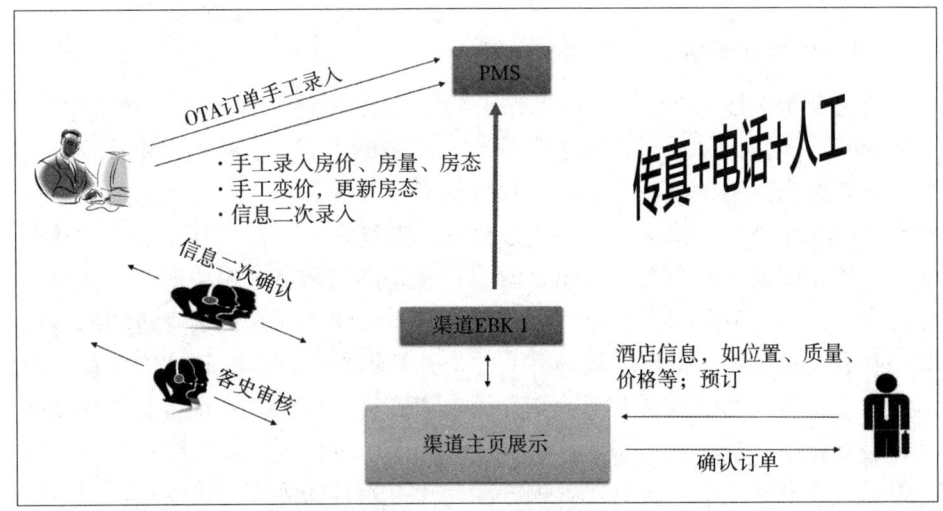

图 5-2 传统订房中心的操作示例说明

5.4.2 信息直连对酒店和渠道的改变

酒店在线分销通常包含多种渠道，比较典型的是国内外的众多 OTA 网站和酒店自有的官网预订引擎。各个渠道都有不同的接口、规则和功能来支持酒店的价格策略。比较传统的订房中心的操作为"传真＋电话＋人工"，顾客通过各个渠道主页的展示，搜索酒店的位置、质量、价格等，确定好酒店后进行预定。此时，信息会通过渠道管理平台（E-booking）传给酒店，酒店工作人员确定 OTA 订单，通过传真或电话确定后，手工录入 PMS。

这种手工管理复杂的分销渠道体系会耗费大量的时间，增加犯高代价错误的风险，很难实现预订收入和利润的最优化。系统直连后，OTA 与酒店之间的信息和订单的传输全部由系统自动完成，不再依靠传统的传真、电话、邮件等人工交互方式，不仅大大节约了酒店和在线分销商的信息维护成本，也提高了订单处理的运营效率，减少了价格及房态信息不对称的情况，真正意义上实现了预订的即时确认，极大程度地提高了客人的服务体验。

实现与在线旅游分销商的技术对接是多赢的合作模式。首先，在线旅游分销商向客户展现酒店准确信息，真正做到了实时房价和库存；其次，在线旅游分销商发生的订单即时落到集团中央订房系统，提升了客户预订体验；再次，有助于实际产量的提升；最后，直连技术极大地提升了双方的运营效率，降低了人工成本。

5.4.3 信息直连的 Switch 技术介绍

酒店 Switch 技术在海外成熟运作了 40 多年，该业务在 2007 年才进入中国。"Switch"一词翻译过来为"转换"之意。目前酒店 PMS、CRS（中央预订系统）与各酒店分销渠道具有不同的数据标准，无法进行直接对接来实现数据共享。Switch 作为中转站，结合双方数据标准制定出符合所有交易者的数据标准。具体而言，就是通过 Switch 管道，使得酒店和各分销渠道商共享最实时的销售价格、房间状态。分销渠道能像售卖机票一样知道某酒店的哪些房型是有房，且对它的销售政策是有效的，并把这些信息实时转达给预订中心和消费者。酒店也不需要人工通知分销渠道变价和房态，而直接通过 Switch 传递出去。分销渠道也不需要预订部、房控部、审核部来人工维护价格、问询房态以及审核订单了。消费者也就能选择可预订的酒店直接确认，而不再是先选择酒店，再等待是否能确认预订（如图 5-3 所示）。

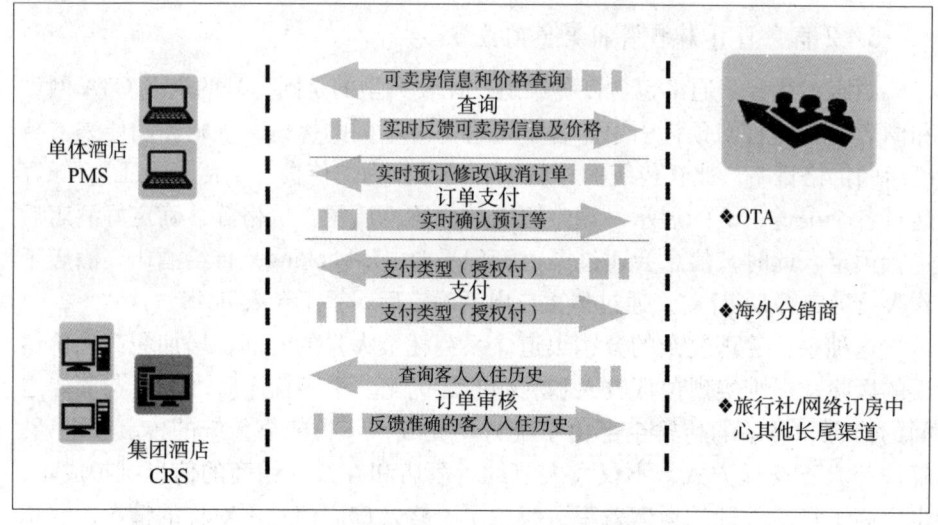

图 5-3　交易直连实时准确地实现渠道分销

目前，我国酒店 Switch 技术还处于起步阶段，酒店信息化程度偏低。在这种情况之下，就需要 Switch 这样相对中立的第三方来进行对接，实现数据直连，快速推进酒店信息化建设。

下面通过对国内 4 家酒店 Switch 直连技术服务商的介绍，来初步了解国内酒店信息化与信息直连的情况。

1. 畅联（CHINA Online）（基于 OTA 平台）

畅联（CHINA Online）是石基旗下的一个直连技术品牌。同时，又是中国最早做酒店接口管理软件及服务的提供商。目前，国内四星级酒店 40% 以上都使用石基 PMS，国内五星级酒店 80% 以上都在使用石基 PMS。可见，石基几乎垄断了国内高星级酒店市场，其主要服务对象是国内高星级酒店市场。2014 年 9 月，阿里巴巴以 28.1 亿元投资石基之后，发布了"未来酒店"战略；2015 年 5 月，阿里携手石基与首旅酒店集团开展战略合作，继续推进"未来酒店"战略，畅联也在其中发挥着重要的信息传递作用。

2. 中软 HTSwitch（基于 OTA 平台）

中软 HTSwitch 是中软好泰（已被携程收购）根据自身 PMS 技术优势，打造的具有直连功能的酒店在线营销平台。就像高速公路需要有车跑一样，再好的技术平台都需要流量的保证。携程占到国内在线旅游市场份额 30% 以上，可以说从客源角度来看，HTSwitch 具有一定优势。

3. 德比软件（基于酒店 CRS 平台）

德比软件（上海）有限公司于 2002 年在上海成立，总部位于上海，目前在北京、美国、欧洲及日本设有分公司或拥有本地服务人员。它包含两套系统。其中，酒店市场销售管理 DHotelier 系统主要面向单体酒店及酒店集团下属酒店，而 DAgency 系统则着重旅行网络营销，因此其侧重点在推广营销。

相比于其他直连服务商，德比的明显特征是，它与 GDS（全球分销系统）建立了强大关联，并且具有国外酒店集团海量数据，包括洲际（IHG）、希尔顿（Hilton）、凯悦（Hyatt）、喜达屋（Starwood）、万豪（Marriott）、最佳西方（Best Western）、卡尔森（Carlson）、精选（Choice）、温德姆（Wyndham）等顶级国际酒店集团，以及 Sabre Hospitality（SynXis）、Trust、Generes 等国际第三方 CRS 内的酒店，酒店联盟如金钥匙国际联盟；同时，德比软件的合作伙伴也包括全球重要地区顶级分销渠道，其中包括 Booking.com、Travelocity、GTA、Agoda、Wotif、TouricoHoliday、MakeMyTrip、Orbitz、Venere/Expedia、H.I.S、Laterooms/Asiarooms 等国外渠道。

4. 锦江德尔

2005 年底，锦江集团和德尔集团联手投资创建了锦江德尔互动有限公司。锦江集团是以酒店、客运、旅游为核心产业的中国最大的综合性旅游企业集团，而德尔集团是美国大型私募股权投资公司。2008 年，公司重组为 HUBS1 汇通天下，成为 CRS（中央预订系统）综合服务公司。锦江酒店集团的中央预订系统 JERZ，正是由 HUBS1 研发并负责运营服务的。HUBS1 汇通天下主要还是基于B2B连接酒店与分销代理商的平台模式。

复习思考题

（一）名词解释
1. 酒店管理信息系统
2. 客户机/服务器（C/S）结构
3. 浏览器/服务器（B/S）结构
4. 软件即服务（SaaS）结构

（二）简答题
1. 管理信息系统的作用在酒店业中体现在哪些方面？
2. 目前流行的酒店管理信息系统结构有哪些？
3. 简述酒店管理信息系统的发展趋势。

（三）论述题
试论在线旅游代理（OTA）与酒店的竞争合作关系。

第六章　酒店电子商务

6.1 电子商务概述

电子商务（E-commerce），指商家和用户利用互联网进行的产品或服务的交易及其相关活动。电子商务的定义表明了电子商务的四个要素：电子商务的交易参与方包括商家和用户；用户又包括企业用户和消费者用户；电子商务的交易媒介必须通过互联网，并且有效融合互联网的特点；电子商务的交易对象包括产品和服务。电子商务的交易实质依然是商务，是交易及其相关活动。

6.1.1 电子商务的起源与发展

在过去的 30 年间，电子商务的概念发生了很大的变化。起初，电子商务意味着利用电子化的手段，将商业买卖活动简化，通常使用的技术包括电子数据交换（EDI）和电子货币转账，这些技术均在 20 世纪 70 年代末期开始应用。典型的应用是将采购订单和发票之类的商业文档通过电子数据的方式发送出去。电子商务中的"电子"指的是采用的技术和系统，而"商务"指的是传统的商业模式。电子商务被定义为一整套通过网络支持商业活动的过程。

20 世纪 70 年代和 80 年代，信息分析技术进入电子商务。80 年代，随着信用卡、自动柜员机和电话银行的逐渐被接受和应用，这些也成为电子贸易的组成部分。进入 90 年代，企业资源计划（ERP）、数据挖掘和数据仓库也成为电子商务的一个部分。在".COM"时代，电子商务增加了新的组成部分——"网络贸易"，客户在数据加密传输技术支持下，利用网上商店的虚拟购物车和信用卡等电子货币支付形式，通过互联网完成商品和服务的采购。

如今，电子商务涵盖十分广泛的商业行为，从电子银行到信息化的物流管理。电子商务的增长促进了支持系统的发展和进步，包括后台支持系统、应用系统和中间件，如宽带和光纤网络、供应链管理模块、原料规划模块、客户关系管理模块、存货控制模块和会计核算/企业财务模块。

当互联网在1994进入公众的视线时，很多记者和学者预测电子贸易将很快成为主要的商业应用模式。然而，安全协议（如HTTPS）用了四年的时间才发展得足够成熟并获得大范围的应用。接下来，在1998年和2000年之间，大量的美国和西欧公司开发了许多不成熟的网站。

虽然大量的"纯电子商务"公司在2000年和2001年的".COM"衰退期消失了，还是有很多传统的"水泥+砖块"的零售企业认识到这些".COM"公司潜在的有价值的市场空间，开始将电子商务的功能增加到网站上。例如，在在线食品销售公司Webvan倒闭后，两家传统的连锁超级市场Albertsons和Safeway都开始了附属的电子商务功能，消费者可以直接在线订购食品。电子商务是在信息技术的发展和商业环境的变化等双重因素驱动下发展起来的。

电子商务的发展可总结为以下五个阶段：

第一阶段：电子邮件阶段。这个阶段可以认为是从20世纪70年代开始的，平均的通信量以每年几倍的速度增长。

第二阶段：信息发布阶段。从1995年起，以Web技术为代表的信息发布系统，爆炸式地成长起来，成为目前Internet的主要应用。

第三阶段：电子商务阶段。电子商务是一个不断发展的概念。电子商务的先驱IBM公司于1996年提出了Electronic Commerce（E-Commerce）的概念；到了1997年，该公司又提出了Electronic Business（E-Business）的概念。1997年底，在加拿大温哥华举行的第五次亚太经合组织非正式首脑会议（APEC）上，美国总统克林顿提出敦促各国共同促进电子商务发展的议案，引起了全球首脑的关注。IBM、HP和Sun等国际著名的信息技术厂商宣布1998年为电子商务年。

第四阶段：全程电子商务阶段。随着SaaS（Software as a service）软件服务模式的出现，软件纷纷登录互联网，延长了电子商务链条，形成了当下最新的"全程电子商务"概念模式。

第五阶段：智慧电子商务阶段。2011年，互联网信息碎片化以及云计算技术愈发成熟，主动互联网营销模式出现，i-Commerce（individual Commerce）顺势而出，电子商务摆脱传统销售模式生搬上互联网的现状，以主动、互动、用户关怀等多角度与用户进行深层次沟通。

6.1.2 中国电子商务的发展历程

1990—1993年，电子数据交换时代，成为中国电子商务的起步期。

1993—1997 年，政府领导组织开展"三金工程"阶段，为电子商务发展期打下坚实基础。1993 年成立以国务院副总理为主席的国民经济信息化联席会议及其办公室，相继组织了金关、金卡、金税等"三金工程"，取得了重大进展。1996 年 1 月成立国务院国家信息化工作领导小组，由副总理任组长，20 多个部委参加，统一领导组织中国信息化建设。1996 年，全桥网与因特网正式开通。1997 年，信息办组织有关部门起草编制中国信息化规划。1997 年，中国第一家垂直互联网公司——浙江网盛科技股份有限公司（浙江网盛生意宝股份有限公司）诞生。

1997 年 4 月，在深圳召开全国信息化工作会议，各省市地区相继成立信息化领导小组及其办公室，各省开始制定本省包含电子商务在内的信息化建设规划。1997 年，广告主开始使用网络广告。1997 年 4 月，中国商品订货系统（CGOS）开始运行。

1998—2000 年，互联网电子商务发展阶段。1998 年 3 月，中国第一笔互联网网上交易成功。1998 年 10 月，国家经贸委与信息产业部联合宣布启动以电子贸易为主要内容的"金贸工程"，它是一项推广网络化应用、开发电子商务在经贸流通领域的大型应用试点工程。1999 年 3 月 8848 等 B2C 网站正式开通，网上购物进入实际应用阶段。1999 年起，政府上网、企业上网，电子政务（政府上网工程）、网上纳税、网上教育（湖南大学、浙江大学网上大学）、远程诊断（北京、上海的大医院）等广义电子商务开始启动，并进入实际试用阶段。

2000—2009 年，电子商务逐渐以 B2B 为主体，标志着电子商务已经进入可持续性发展的稳定期。

2011 年至今，电子商务公司充分利用社交电子商务概念，把平台社交化。

6.1.3 电子商务的特征

（1）普遍性。电子商务作为一种新型的交易方式，将生产企业、流通企业以及消费者和政府带入了一个网络经济、数字化生存的新天地。

（2）方便性。在电子商务环境中，人们不再受地域的限制，客户能以非常简捷的方式完成过去较为繁杂的商务活动，如通过网络银行能够全天候地存取资金账户、查询信息等，同时使企业对客户的服务质量得以大大提高。

（3）整体性。电子商务能够规范事务处理的工作流程，将人工操作和电子信息处理集成为一个不可分割的整体，这样不仅能提高人力和物力的利用效率，也可以提高系统运行的严密性。

(4) 安全性。在电子商务中，安全性是一个至关重要的核心问题，它要求网络能提供一种端到端的安全解决方案，如加密机制、签名机制、安全管理、存取控制、防火墙、防病毒保护等，这与传统的商务活动有着很大的不同。

(5) 协调性。商务活动本身是一种协调过程，它需要客户与公司内部、生产商、批发商、零售商间的协调，在电子商务环境中，它更要求银行、配送中心、通信部门、技术服务等多个部门的通力协作。

6.1.4 电子商务的分类与营销方式

1. 电子商务的分类

电子商务可以按以下不同的维度进行分类：

(1) 按照商业活动的运行方式分类。电子商务分为简单电子商务（非完全电子商务）和完全电子商务。简单的电子商务（非完全电子商务）是通过网络达成交易，但在网下完成支付的电子商务，它是在网上支付存在困难或条件不成熟的情况下采取的初级形态的电子商务；而能够实现网上支付的电子商务则是高级的或完全的电子商务。另外，信息产品和信息服务不仅可以实现在线支付，而且可以实现在线履行，实现信息产品的转移，以及信息传递、货币支付、"货物"交付，成为最典型的也是最完全的电子商务。

(2) 按照开展电子交易的范围分类。主要分为本地电子商务、远程国内电子商务、全球电子商务。

(3) 按照使用网络的类型分类。主要分为基于专门增值网络的电子商务、基于互联网（Internet）网络的电子商务、基于 Intranet（企业内部网）网络的电子商务。

(4) 按照交易对象分类。主要分为企业对企业的电子商务（Business to Business，简称 B to B）、企业对消费者的电子商务（Business to Consumer，简称 B to C）、企业对政府的电子商务（Business to Government，简称 B to G）、消费者对政府的电子商务（Consumer to Government，简称 C to G）、消费者对消费者的电子商务（Consumer to Consumer，简称 C to C）、企业、消费者、代理商三者相互转化（ABC）。

2. 电子商务的营销方式

电子商务常见营销方式如下：

(1) 网络媒体：门户网站广告，客户端软件广告。

(2) SEM：竞价排名，联盟广告。

(3) EDM 邮件营销：内部邮件群发，第三方平台，数据库整合营销等方式。

(4) 社区营销：BBS 推广（发帖和活动），SNS。
(5) CPS/代销：销售分成（一起发，成果网，创盟）。
(6) SEO：搜索引擎优化。
(7) 积分营销：积分兑换，积分打折，积分购买等。
(8) DM 目录：传统单张目录，如麦考林、红孩子、凡客、PPG。
(9) 线下活动：会展，体验店等。

6.2 酒店电子商务

6.2.1 酒店电子商务的定义

酒店电子商务，即通过特有的系统连接上国际互联网，通过网上的主页图文并茂地展示酒店本身，向全球亿万用户分销自己的客房，以及各种服务，并可以此组成酒店连锁业，组成战略联盟，以强劲灵活的营销手段向广大的市场进军。从酒店企业本身的行业特点来看，对信息技术的依赖程度是相当高的。电子商务体系是当今酒店企业发展的必然趋势。

自 2011 年以来，中国新开业的星级酒店如雨后春笋，各大国际酒店管理集团竞相制订出里程碑式的开业计划，不是巩固自身在中国的豪华酒店之领先地位，就是努力使自己比竞争对手占据更大的市场。随着一线城市豪华酒店市场渐趋饱和，酒店业的重心已转移至内地经济迅速发展的二、三线城市。

与此同时，2011 年中国酒店业不断涌现新的营销模式，先是团购网站风潮蔓延至酒店业，随后神秘房等国外成功模式也纷纷登录国内电子商务进入酒店业的营销运营中，促使酒店业传统的营销、管理模式发生了变革。电子商务的运营特征及其利用效果需要酒店业乃至社会的正确认识，尤其需要酒店业在运作技术和发展谋略上不断探索，力争使电子商务在酒店业发挥最大效益。

6.2.2 酒店业电子商务的需求

酒店电子商务是当今酒店业发展的必然趋势。它开拓了市场的广度和深度，这些都是平常方式下的人力、物力所无法与之比拟的。它代表了最新和最有效的营销方式，为酒店开发客源市场带来了无限的商机。比如对酒店来说，酒店管理可从以下几个方面来进行：采购、销售、营销、办公自动化等。

1. 完善酒店采购管理的需要

电子化采购使企业通过网络寻找合适的供应商和物品，随时了解市场行情和库存情况，编制销售计划，在线采购所需的物品，并对采购订单和采购物品进行在途、台账和库存管理，实现采购的自动统计分析。网上采购使采购流程得以优化，并在降低采购成本、提高采购效率、增加采购透明度等方面使采购企业和供应商双方受益，实现"双赢"。

电子化采购可使企业掌握采购主动权。首先，企业根据自己的实际需求，通过网络公布采购的物品及其采购的要求，要求供应商按需求提供采购物资，从而减少了采购的盲目性。其次，企业利用网络发布所需的物品，供应商展开网上价格和质量竞争，中标者将质优价廉的商品配送到指定地点。最后，企业可以通过网络随时和供应商进行沟通，以便及时获取售后服务。

电子化采购可使企业降低采购成本。网上采购扩大了供应商范围，从中选择报价和服务最优的供应商，突破传统采购供应商数量的局限性，实现本地化采购向全球化采购的转变。同时，网上采购可节省差旅费开支，通过网站信息的共享，实现无纸化办公。

电子化采购可使企业提高采购的透明度。电子化采购将采购信息在网站公开，采购流程公开，避免交易双方有关人员的私下接触，由计算机根据设定标准自动完成供应商的选择工作，有利于实现实时监控，避免"暗箱操作"，提高了采购商品和采购价格的透明度。

电子化采购可使企业提高采购效率。首先，企业利用互联网可快速获取信息和传递信息，节约了寻找所需物品的时间；企业也可根据自己的要求自行设定交易时间和交易方式，缩短了采购周期。其次，电子化采购实现了采购信息的数字化、电子化，提高了采购的准确性。最后，采购流程的自动化有效地提高了采购的管理效率。

电子化采购可使企业优化采购管理过程。电子商务采购是在对业务流程进行优化的基础上按软件规定的标准流程进行的，可以规范采购行为和采购市场，有利于建立一种比较良好的经济环境和社会环境，减少采购过程的随意性。同时，网上采购实现了企业采购行为集中统一，既能降低采购价格，又能使采购活动统一决策，协调运作。另外，电子化采购是一种"即时性"采购，使企业由"为库存而采购"转变为"为订单而采购"，提高物流速度和库存周转率，实现采购管理向供应链管理的转变，达到逐步由高库存生产向低库存生产的目的，直至实现零库存生产。

酒店通过互联来采购设备，不但可以很方便地实现比价采购，而且可以方便地实现规模采购和享受常客优惠。综合国内采购管理的经验，做好这项工作的关键是充分利用市场竞争规律，即充分利用比价原则。对于数额较大的采购项目，如果能够保持3个以上的产品信息，一般就可以采用多种先优决策方式，做好管理控制。快捷、可靠的信息源是解决这个问题的根本。电子商务的开展提供了售前、售中和售后的全过程服务，包括从酒店需求设备的配置计划制订、价格查询、预订、支付、配送等所有环节，比价选购也十分方便，可以为酒店节约大量的人力、财力和物力成本。因此，电子商务必将改善酒店采购成本的控制。

2. 网络订房的需要

在信息时代，现代人的工作、生活已离不开网络。借助于网络，可以提高人们的工作效率，同时提高人们的生活质量。由于网络，人们的交往更密切了、信息更丰富了、服务更加透明了。采用网络，人们的产品交易更方便了、选择的范围更大了、企业交易的成本更低了。总而言之，网络已成为当今社会不可缺少的信息链路，是社会的神经枢纽，是社会进步的重要标志。作为旅游行业老大的酒店业，同样离不开网络，利用网络开展网络订房是现代酒店经营的重要标志之一。

现代酒店企业，面临着全球性的经营竞争。由于网络，客户可以查询任何目的地的酒店经营信息和客房价格，酒店的经营设施、客房价格都是透明的。也就是说，酒店必须面对客户开展诚信经营，并利用现代网络建立忠诚客户群。因此，在信息时代酒店开展网络订房已是必然趋势，这是酒店开展电子商务的基础。

3. 办公自动化的需要

随着酒店的发展，酒店业员工越来越多，分类也越来越多，如何更好地合理地管理内部员工，已成为一个严峻的现实问题。而随着电子商务的发展，酒店内部局域网，就很好地解决了这个问题。员工何时上班何时下班，都有内部的打卡机，实现内部局域共享，保证一卡一人。

4. 现代酒店可持续发展的需要

现代社会的发展令人目不暇接，当"信息"一词刚为人们所接受，与之相关的信息社会就已经在憧憬中朦胧地闪现在我们面前，同样，酒店经营信息化也成为不可抗拒的潮流。对酒店企业而言，信息化带来的最大变革则体现在酒店企业经营和管理上，特别是信息技术的运用将深刻影响酒店企业的经营方式，任何一个现代酒店企业都离不开这种变革。网络订房就是这种变革下的产物，它是酒店信息化经营的重要标志，同时也是酒店可持续发展的需要。酒店的跨地区经营必须借助于信息技术，如果现代酒店没有信息技术的支持，就无法开展网络订房等电子商务，无法开展全球化的经营或跨地区的经营，更不要谈所谓的发展了。

5. 现代酒店承诺完美服务的需要

在信息社会中，酒店企业必须向客户提供完美服务承诺。这里所谓的完美服务，就是作为一个酒店企业要知道客户在什么时候、在什么地点、需要怎样的服务。酒店企业通过网络订房以及网络的互动信息服务可以实现最基本的完美服务承诺，通过网络订房知道客户的具体需求信息，酒店就可以努力去为客人提供所需的服务。因此，酒店开展网络订房缩短了与客户的距离，便于相互沟通信息，并通过网络承诺对客的完美服务。

6. 现代酒店强化竞争意识的需要

作为一个现代酒店企业，信息是酒店经营的重要战略资源，网络客户同样是未来酒店经营的重要战略资源。就21世纪的现代社会来说，智力信息已成为国家生产力增长和经济增长的关键因素，社会动态变化的源泉。也就是说，在21世纪的信息社会中，起决定性作用的已不再是资本，而是信息，谁拥有信息，谁就拥有未来。作为酒店的经营竞争，未来也是信息的竞争，谁拥有客户信息，谁就拥有市场。酒店开展网络订房，就是对未来客源市场的战略考虑，是市场竞争的需要。有些酒店觉得目前开展网络订房，没有多少效果，就忽视了网络订房的作用，持这种观点的经营者，实质上是没有竞争意识的表现。

【行业透视】

酒店 App 的威胁与机会

由于酒店品牌和忠诚计划，App 目前服务的市场相当有限，所以这些 App 并没有实质作用。但早晚有一天，酒店业会迎来面向 C（Consumer）端用户 App 的新时代，它们将在客人入住和离店期间以及整个旅程期间提供服务，为用户提供便捷。

移动 App 与旅游业的融合从大多数层面上说都是有意义的，相关数据也对此观点给予了支持。美国风投公司 KPCB[①] 在 2015 年公布的一份报告中指出，美国成年人平均每天花 2.8 小时在智能手机上浏览网站或者使用 App。

进入 2016 年，市场研究机构 eMarketer 指出，51.8% 通过线上渠道预订行程的旅行者都将通过移动设备完成预订。人们外出时通常更倾向于使用手机，而不是电脑，因为前者使用起来更加便捷。互联网数据服务提供商 ComScore 指出，移动设备的使用量在 2015 年已经超过电脑。所以，过去 5 年来，越来

---

① KPCB 公司（Kleiner Perkins Caufield & Byers）成立于 1972 年，是美国最大的风险基金，主要承担各大名校的校产投资业务。

越多的连锁酒店和单体酒店都搭上了移动 App 的顺风车也就不为奇了。不过，最引人关注的莫过于酒店品牌和忠诚度计划 App 的下载数量有大幅上升。

但这些 App 从长远来说并没有什么意义，因为酒店品牌和忠诚计划 App 目前服务的市场相当有限。

从本质上说，酒店推出的各种 App 只对十大连锁酒店有较大帮助，因为它们旗下的连锁酒店分布于全球各地，客人可以在不同的地方使用它们的 App。然而，对于大部分酒店来说，即便是忠诚顾客每年也只会入住 1~2 次。那么，客人有必要去下载酒店的 App 吗？

此外，许多酒店 App 会提供酒店信息、客房服务预订及当地景点信息，但这些功能其实也并没有多大吸引力，对用户来说没有足够的吸引力去下载。ComScore 2016 年的研究数据表明，49% 的美国手机用户在某个月里没有下载任何 App。App 必须确保对用户有很大用处才能让用户下载。

全球商务旅行协会 GBTA 最近的一项研究发现，61% 的商旅人士曾下载酒店的 App。但我们别忘了，App（包括安卓和 iOS 用户）的平均留存仅为 25%，也就是说，3/4 的用户在初次使用后就会删除该 App。同样，全球的酒店经理都声称，他们使用面向 C 端用户的 App 体验并不好。许多高端奢华酒店的总经理反复表示，他们每周通过 App 接受的客房预订数量仅为 1~2 间。实际上，许多面向 C 端用户的技术并没有实质作用，或者提供的产品和服务不符合消费者的预期。

在网络时代，那些拥有自己域名的新公司获得了数百万美元的融资。几年后，市场崩溃，每个人都很困惑，投资人和创业者在发展线上业务时到底是怎么想的。历史经验已经反复证明，只是为了创造技术而创造技术往往不会成功。早晚有一天，酒店业会迎来面向 C 端用户 App 的新时代，这些 App 将对用户产生足够吸引力，从而保证用户下载。它们将在客人入住和离店期间以及整个旅程期间提供服务，为用户提供便捷。

资料来源：环球旅讯（http://www.traveldaily.cn/article/107185），Claire 编译. 2016（10）.

6.3 酒店电子商务建设方案及其制定

6.3.1 总体方案设计审核

酒店电子商务建设是一个系统工程，为了当前项目所需而不顾日后发展的方案，不仅造成重复投资而导致浪费，若方案不符合业务需求还会降低项目本身的实际功效。因而，酒店电子商务建设应该量身定做，提出总体设计方案，并由行业管理部门组成专家组，对总体方案进行论证和审核，以确保方案的先进行、可行性。

酒店在建设电子商务时应考虑以下问题：

（1）后台服务器支持预装多语种（如中文、英文、日文等）操作系统。

（2）支持实时跨平台运行与信息交换。

（3）总拥有成本低：先期投入小，后期维护费用低（终端本身免维护、免升级、免病毒），体积小，不足普通 PC 的 1/4。

（4）管理维护容易，操作方便简单，开机即用。

（5）住客无法修改或删除系统文件，住客可随时开机或关机。

（6）充分发挥资源共享优势，适应网络时代潮流，打造信息化酒店品牌。

（7）为适应酒店取电卡的突然断电，系统采用专门保护。

酒店应充分考虑上述条件，以便于酒店选择电子商务系统后期的修改和维护，以求达到性价比最高。

6.3.2 建立行业认证

有的 IT 公司并不了解酒店业的特性，并在客房宽带合同中明确规定了网络环境产权不属于酒店。因此，酒店无权在该网络环境加设任何其他应用项目。鉴于上面提及的问题，有必要针对那些专业从事酒店业电子商务建设方案实施的企业进行认证，以确保从事酒店电子商务建设的 IT 公司都具有专业性，避免酒店电子商务建设走弯路。IT 公司在为酒店设计电子商务建设方案时应重点考虑以下问题：

（1）所有的酒店客房开机登录后出现欢迎界面。

（2）用鼠标点击"我的电脑"可选择中文或英文服务器。

（3）不登录服务器时可运行"网上冲浪""酒店资讯""影视点播"和其他指定网站。

（4）登录服务器后服务器端所有的盘符全部隐藏，客户仅能看到虚拟的磁盘和本地 U 盘，但虚拟的磁盘可以用来存放自己的文件。

（5）客户对操作系统的注册表及控制面板或其他可能影响系统稳定的模块都无权访问。

（6）前台网络电脑（Network Computer，简称 NC）可运行 NC 管理系统，只有前台点击对应房号"开房"键，才能登录服务器。

（7）前台 NC 可运行 NC 管理系统，当客户退房时，点击对应房号"退房"键，客户使用该房间 NC 所有的临时文件全部自动删除，系统回到初始界面。

(8) 客户在客房 NC 点击媒体文件时直接使用 NC 自带的播放器来播放文件,不占用服务器资源,也可以使用 NC 本地浏览器来上网,不占用服务器资源。

6.3.3 建立服务标准

对于酒店而言,电子商务是一个工具、一种手段、一种服务。酒店服务水平的高低直接影响到酒店经济效益和竞争力。虽然目前我国高级技术人才辈出,却大多投身于高薪技术领域,而在服务行业出现断层现象。这也就成为酒店开展电子商务的一大瓶颈。

支持同时预装多语种多类型操作系统,后台服务器可以安装多语种的操作系统,如中文版、英文版、日文版等。

终端采用 Linux 操作系统按本地引导方式启动后,用户可以根据自己的使用习惯选择所熟悉的语种版本的服务器操作系统登录。这样的弹性无疑让住客感受到酒店的人性化服务,有利于提高住客对酒店的品牌忠诚度。支持实时跨平台运行和信息交换,资源共享,易于管理终端解决方案首先体现了一种集中管理、资源共享的理念。

与 PC 机相比,终端的突出优点是易于管理。PC 是一个个性化的设备,每个用户有条件自行添加硬件模块和加装软件。另外,对 PC 而言,住客误操作也容易损坏系统文件,使系统无法正常运行;而终端是一种定制的设备,采用一体化的硬件设计,根本不需要再添加什么硬件。终端的软件也是固化的,用户无法删减或更改什么。

资源共享分为两个方面。硬件方面讲,外围设备(如打印机、扫描仪等)可以只配置一套,直接连到服务器上,每个终端用户可以共享这些硬件资源。软件资源的共享更为明显。像 Word、Excel 这样的常用办公软件,在 PC 解决方案中每台 PC 都要买一套,现在只需在服务器上配备一套,每个终端用户可以同时调用这些软件。

酒店网络的特点可概括为:免维护、免升级、免病毒,终端采用一体化的设计,无软驱、无光驱、无硬盘,基本上无须维护和升级。一切软硬件升级和维护都只需在服务器端进行。另外,一体化的设计也减少了病毒的入口,再通过服务器的集中过滤,基本可以把病毒挡在门外,从而不至于造成系统维护费用的增加。

酒店网络数据安全性的提高包含以下四个方面:

第一,终端解决方案属于集中管理,比较容易施加网络的安全保护措施。

终端采用安全性更高的 Linux 操作系统，本地可配置用户身份认证（CA 认证）。

第二，用户数据存放在安全性较高的服务器上，可避免流失，并易于共享和查验，还便于制作备份。终端本地掉电时，正在工作的文档资料或数据无任何损失，来电后可完全恢复掉电前的工作状态。

第三，易用耐用。由于终端采用一体化的设计，不带容易损坏的组件（无软驱、无光驱、无硬盘），其硬件寿命比 PC 机寿命要长很多。另外，终端免升级的特点（只需升级更新服务器软件）也使得终端显示给用户的界面始终代表着最新的软件。

第四，在酒店网络系统的建设过程中，建设一个易于管理、安全稳定性高的酒店网络一直是人们努力追寻的目标。现阶段的一些酒店网络系统的建设，大都采用 PC 机和无盘站的模式，PC 机和无盘站在酒店网络的建设过程中无疑也出现了一些诸如维护成本升高、安全性差等一系列的问题。瘦客户机（Thin Client）/服务器模式的出现无疑成为酒店网络建设的主流选择。

6.3.4 其他增值业务

酒店客房专用电脑，可支持广告发布系统，可以通过互联网发布广告内容。广告表现主要为以下几种形式：

（1）屏幕保护广告。当客房电脑开机一段时间客户没有做任何操作的时候，客房专用电脑的屏幕保护程序将启动，其画面为前期定制的广告。

（2）弹出广告。客人在使用客房专用电脑时，每隔一定时间（时间长短自己设定）会弹出一个窗口，内容为广告内容。

（3）流动条广告。当客房专用电脑在用户开机登录服务器后，在其屏幕上方有一流动广告条，显示广告标题；当客人对广告标题感兴趣时，可点击查看详情。

【行业透视】

长尾视角下的单体酒店网络营销策略分析

自改革开放以来，中国的酒店业获得了长足发展，在增长速度大幅度飙升的同时，酒店集团化、连锁化经营的态势也进一步加强。近年来，随着经济全球化、产业竞争的国际化、商业活动的信息化以及随之而来的大规模的兼并、重组等的发展，酒店市场的竞争愈演愈烈。酒店集团凭借统一的品牌、统一的管理模式、统一的销售和组织网络，在竞争中处于明显的优势，使得国内大多数单体酒店，特别是中小型单体酒店的生存空间受到严重的挤压。

根据中国旅游业行业有关信息，国内近1万多家星级酒店中有80%左右为单体酒店，其中大多为中小型单体酒店。它们的性质各不相同（国有、民营、股份、集体、私营），背景也各不相同（政府招待所、各行业内部招待所、个体业主等）。中小型单体酒店便于管理，协调性强。然而，由于地域和建筑规模的局限性，使其在经营上受到很大的限制，抗风险能力也比较弱，在酒店连锁集团的冲击下，中小型单体酒店被业界认为"在夹缝中生存"。

1. 长尾理论的内涵

长尾理论（The Long Tail Theory）是网络时代兴起的一种新理论，是由《连线》（WIRED）杂志主编美国人克里斯·安德森（Chris Anderson）在2004年10月的"长尾"一文中最早提出，用来描述诸如亚马逊和Netfix之类网站的商业和经济模式，即指那些原来不受重视的销量小、种类多的产品或服务，由于总量巨大，累积起来的总收益超过主流产品的现象。

在互联网领域，长尾效应尤为显著。长尾理论价值重构目的是满足个性需求，通过创意和网络，提供一些更具价值内容，更个性化的东西。长尾理论认为，由于成本和效率的因素，商品生产成本急剧下降，商品的销售成本急剧降低，搜索成本也较低，以前看似需求极低的产品，只要有人进行交易，这些需求和销售量不高但是种类巨大的产品所占据的共同市场份额，甚至比主流产品的市场份额更大。长尾理论突破传统经济学中人所皆知的边际效用递减规律，实现边际效用递增。

长尾理论认为：只要存储和流通的渠道足够大，需求不旺或销量不佳的产品所共同占据的市场份额可以和那些少数热销产品所共同占据的市场份额相匹敌，甚至更大，即许许多多小市场可以聚合成与主流大市场相匹敌的市场能量。

长尾理论是互联网时代兴起的新理论。由于成本和效率的因素，过去人们只能关注重要的人或重要的事，如果用正态分布曲线来描绘这些人或事，人们只能关注曲线的"头部"而将处于曲线"尾部"这个需要更多的精力和成本才能关注到的大多数人或事忽略。而在网络时代，由于关注的成本大大降低，人们有可能以很低的成本关注正态分布曲线的"尾部"，关注"尾部"产生的总体效益甚至会超过"头部"。这个理论带来的重要启示是，不要只盯着主流市场，那些"沉默的大多数"同样蕴藏着巨大的商机。

2. 酒店行业网络营销的趋势

随着互联网的迅速发展和普及，社会的经济环境正发生着巨大的变化，人们已经适应了网上沟通和交易的生活，互联网时代的发展给中小型单体酒店带来了巨大的商机和发展空间。据最新国外媒体报道，中国拥有全球最多的互联网用户，目前用户数量超过5亿；据预测，到2015年，中国的网民数量将增加到7.5亿。

在网络逐渐成为大众日常生活获取信息的第一媒介后，庞大的注意力经济也吸引了营销界的敏锐触角，营销界开始探索该领域无限的可能性。在此情况下，网络营销模式不受时间和空间的限制，弥补了传统营销的局限，无限地拉近了企业和客户的距离，搭建了企业和客户沟通的桥梁，极大地扩展了营销的范围。长尾理论正是在这种背景下与酒店营销结合起来，从而改变了酒店业传统营销及生产的思维模式，带动了新一轮酒店营销势头的消长。

3. 长尾理论在中小型单体酒店网络营销中的策略应用

中小型单体酒店一般呈小规模的分散经营状态，在传统的市场营销等方面，还不能与快速增长的旅游消费市场相适应。相对于酒店连锁集团，中小型单体酒店从产品本身到产品定价以及分销渠道都不及大企业的实力。在行业及市场中，中小型单体酒店的知名度和关注度都比较低，处于酒店行业的"长尾"。所以，网络营销对中小型单体酒店的生存与发展具有非常重要的意义。结合酒店行业实际营销业务的要求，中小型单体酒店在发展网络营销时，可注意以下几个方面：

（1）从思想上重视网络营销

中小型单体酒店的领导要从思想上充分认识到网络营销所带来的机会，并且要从战略管理的高度来认识发展网络营销的重要性。美国酒店及旅游业财务与科技专业人员协会（HFTP）的调查报告显示，先进的信息化技术已成为当今酒店及旅游业获得新竞争优势的重要工具。如何借鉴并应用信息化技术来增强自身的核心竞争力，已经成为国内酒店尤其是中小型酒店不遗余力探索、实施和推进的焦点。事实上，只有把酒店信息系统规划好，同时领导重视、员工积极投入，这样才能提高效率，使投入和产出成正比，并最终发挥出信息化的最大效应来。只有发现顾客的个性化需求，占领自己"尾巴"一块的市场份额，把网络营销提高到战略的高度，才会使企业在激烈的市场竞争中拓宽渠道。

（2）加强网络平台建设

长尾理论发挥效用的前提是网络的广泛运用。对于酒店旅游业而言，网络也是其发展的助推器之一，全球的酒店网上预订系统就是很好的证明。如今，博客、微博、微信等已在人们的日常生活中产生越来越大的影响力。对于中小型单体酒店，若能很好地利用这一机遇，既可以借此建立很好的口碑，同时还能从中发现一些很好的创意。因此，中小型单体酒店除了要完善电子商务系统外，还可以提供一个基于Web2.0技术的平台，可以在平台上吸收好的创意，安排酒店产品设计的活动，如客房的个性化设计、菜肴的创新等。这也就是长尾理论提到的让顾客参与生产，这样既可以实现降低成本的目的，又可以为新产品开发提供创意。不管选择哪种网络平台搭建方式，网络平台的主要功能都要包括以下几个方面：第一，旅游信息的汇集、传播、检索和导航；第二，酒店产品（服务）的在线预订与销售；第三，市场营销与推广功能；第四，用户体验和社区功能；第五，网络平台还要具有游客客户资料的收集与管理、网站维护管理等功能，从而保证游客和经营者的正常使用。

（3）为消费者提供差异化的服务

中小型单体酒店的产品和服务要想占据更为广阔的市场，就必须开发出满足旅游者的个性化、差异性需求的产品。这就需要酒店企业与旅游者的近距离接触，并且通过有效的沟通与互动，及时捕捉和挖掘旅游者特殊需求的闪光点，从而能够最大限度地满足旅游者的需求与体验。可以针对游客的特点，在食、宿、娱等方面加强特色。在吃的方面，可以根据当地的情况，多推出一些绿色、环保的农家菜、本地特色菜。在住的方面，可以适当地开发一些个性化装饰和房间。比如说，房间进行个性化设计，床单及日用品进行个性化定制等，改变传统酒店千篇一律的客房板式。因为很多旅游者已经厌倦了传统酒店房间风格，却对于具有当地特色的客房及具有个性化的客房十分感兴趣。

所以，开发这些有特色的产品一方面满足了旅游者的个性化需要，使旅游者对酒店有深度体验；另一方面也为游客提供了多层次和多类别食宿感受的选择，提高其选择自由度。在娱乐方面，也尽可能不要千篇一律，而应提取本地文化艺术和生产生活元素，并将其或原汁原味或投其所好地呈现给游客，以丰富的形式和自由的选择实现应有的经济和社会效益。

（4）加强对信息反馈的管理，提升服务质量

对于酒店业而言，其核心产品便是服务。酒店服务质量的好坏会对酒店的形象造成举足轻重的影响，尤其是在信息时代，消费者对于酒店的评价会通过网络将影响程度和影响范围成百倍地放大。所以，中小型单体酒店一定要加强服务建设，从咨询、接待服务到住宿、就餐、娱乐、购物及反馈服务，中间任何一个环节出现差错，都可能会造成严重影响，从而导致顾客流失。因此，酒店必须要对员工素质进行把关，对员工进行培训，提高员工责任意识，保证服务质量。

在网上提供旅游产品信息时，要尽可能体现出网上服务的便捷性优势。网站上发布的产品、服务信息、服务功能要尽可能详细、全面，方便游客进

行判断和挑选。同时要注意网上服务的及时性，如果问题回答不及时，可能会导致顾客失去耐心，因此最好配备专业人士来做网上售前、售中和售后服务工作。一定要有专人跟踪网络社区里的游客对于酒店的评价。从旅游论坛以及博客评论中，可以知道消费者的需求和酒店自身的不足之处，有针对性地改进服务及产品，改善服务质量，提升整体形象。

钱德森认为，推动经济发展的原动力，一是规模经济，二是范围经济。结合长尾理论，我们可以认为，规模经济是"短头"，而范围经济是"长尾"。与大型酒店及酒店连锁集团所辖各类酒店相比，一方面，中小型单体酒店往往达不到规模经济的要求，难以获得好的规模效益，在营销、宣传、管理方面需要全方位投入，经营成本较高。另一方面，在互联网技术日新月异的今天，中小型单体酒店作为长尾理论中的"尾巴"，也有其自身的特殊性及优势，如决策快、经营灵活等特点。所以，中小型单体酒店要想在激烈的营销竞争中获得成功，必须充分利用网络营销，重点关注和开拓市场中的长尾，从而在激烈竞争的市场中立于不败之地。

资料来源：董鹏，刘立军. 饭店现代化 [J]. 2013（4）.

6.4 电子商务在酒店业的发展

6.4.1 电子商务在酒店业应用的产生背景

截至 2013 年 12 月，中国网民规模达 6.18 亿，互联网普及率为 45.8%。其中，手机网民规模达 5 亿，并继续保持稳定增长。手机网民规模的持续增长促进了手机端各类应用的发展，成为 2013 年中国互联网发展的一大亮点。

在全球化的信息社会中，顾客要求以电子方式进行通信，酒店和酒店各部门（行业之间、部门之间）也需要用电子方式与相关的客户、供应商以及其他组织交换数据和信息。互联网能使住在饭店的顾客顺利地进行业务活动，及时交流信息，因此，要求酒店在技术装备上有内网（酒店与顾客交互）、外网（行业内）、办公网（酒店内部员工）和互联网，这样才能在当今快速变化的全球经济中获得竞争优势。

为此，酒店业就需要积极开展电子化商业服务，满足个性化的需求，建立面向行业、面向特定地域的酒店商务站点，提供相关服务。例如：①信息查询服务：其中包括旅游服务机构相关信息（如饭店、旅行社以及民航航班等信息）、旅游景点信息、旅游线路信息以及旅游常识等。②在线预订服务：主要提供酒店客房、民航班机机票、旅行社旅游线路等方面的实时、动态在线预订业务。③客户服务：提供可实施在线旅游产品的客户端应用程序，方便预订客户（指通过系统进行预订的个人以及机关团体）与酒店在网上实时洽谈业务，进行预订商务活动的记录和管理。④旅游社区：向旅游相关人员提供相互沟通和交流条件，如旅游专栏等。⑤其他特色服务：各酒店可以根据区域内不同的需求，建立专题服务，提供个性化和特色化的服务模式。

商务客人对电子商务设备的需求非常大（也就是客房内的宽带接口的要求）。房间内宽带接口给客人带来了难以想象的便利，是酒店商务中心所无法比拟的。宽带的速度也是非常诱人的。一般来说，商务客人的计算机水平差异比较大，所使用的软件和操作系统也不尽相同。因此，他们大多数喜欢使用自己的终端设备，与客房内预留的接口连接，这样使用起来比较方便。会议客人和休闲度假客人对租用终端设备的需求比较大。会议客人需要终端设备上网查询相关资料、准备文稿，这种便利使会议客人远离自己的办公室也能很快很好地准备自己的发言稿。而休闲客人租用终端设备，可以下载数码相机照片，释放芯片的内存空间，浏览自己的作品，进行筛选或者保留或者删除的编辑处理，做好备份资料；可以上网和朋友聊天，分享异地的风土人情与置身其中的感悟，或者打打游戏等，这种需求已经成为一种时尚，并且表现为典型的个性化。正是这种需求的拉动，发展电子商务，对原有的客房进行技术改造，是争夺宾客的重要的技术手段，是酒店业生存和发展的必然。

6.4.2 电子商务在酒店业应用的优势

1. 拓宽酒店的营销方向，方便内部管理

建立酒店的内部网，实现酒店办公自动化已是大势所趋。目前流行的酒店管理软件的功能非常强大，在客人登记入住的时候，客人的信息就录入到客人信息数据库中。对于酒店的 VIP 客人，在客人入住登记时，酒店的小礼品中心就根据客人的信息档案所提供的客人喜好，在客人还未进入客房之前，就在客房内预先摆放上客人喜欢的食物等小礼物，让客人感到意外的惊喜和酒店富有人情味的服务。酒店内部要实现办公自动化就需使用专门的酒店管理软件，既可方便内部管理，又为酒店的营销提供一个导向，还便于酒店管理者利用数据进行营业收入分析。

2. 为酒店减少成本

酒店电子商务的发展能为酒店带来很多的利益。通过酒店电子商务手段，酒店可以直接与最终的用户联系，在很短的几分钟内，就能为散居千里、万里之外的游客提供咨询、售票、组团、出游等服务。网络直销成为节省佣金和提高单位利润的最好途径。在酒店业中率先利用电子商务系统的酒店都极大地提高了工作效率,降低了经营成本,增加了酒店与消费者和合作伙伴之间的有效互动。

酒店电子商务系统方便了顾客查询,有利于企业信息的及时发布(便捷、快速、动态、实时)。酒店利用互联网进行信息服务将为行业的发展带来新的竞争优势,上网不可能立刻给企业带来经济效益,但不上网却意味着企业的生存空间越来越小,最终将失去竞争优势。上网将意味着直接面对全球的客户,所有互联网的网民都将成为酒店的潜在客户,可以方便、快捷地向人们提供酒店的各种服务和与酒店相关的服务,如客房、机票、旅游线路的查询、预订与确认服务。通过互联网,酒店特别是旅游饭店可以用较低的成本进行广告宣传,扩大知名度,提高自身影响力,把好的服务、好的服务项目直接推荐给潜在消费者,促进酒店(旅游饭店)的宣传与销售,降低广告成本。旅游饭店一般规模较小,经济实力有限,很难在传统广告媒体上大做宣传,而通过互联网,无论饭店规模大小,都可以实现广告促销。

3. 完善酒店的采购管理

酒店通过互联网来采购设备,不但可以很方便地实现比价采购,而且可以方便地实现规模采购和享受常客优惠,电子商务的开展提供了售前、售中和售后的全过程服务,包括从酒店需求设备的配置计划制定、价格查询、预订、支付、配送等所有环节,比价选购也十分方便,可以为酒店节约大量的人力、财力和物力成本。

4. 为客户提供快捷的服务

互联网(Internet)将酒店产品的信息集中在一个平台,展示在客人面前,提供 B to C 的直接预订渠道,客人按其需求进行选择,确定即可。由于网络功能强大,电子商务酒店可以通过网络展示酒店的环境和服务。客户可以通过一键进行订房、退房以及付费业务,这些都是传统酒店无法提供的快捷服务。另外,客户也可以在客房通过电脑一键订餐,在网上可提供食物及食材的样图,从而避免客户电话订餐时的盲目选择。建立电子商务,酒店不仅可以为顾客提供方便快捷的服务,而且使无形的产品有形化。

5. 使酒店产品有形化,增强预订群体对酒店产品的信任度

互联网可以提供虚拟酒店和大量的酒店产品信息。通过互联网,客人可以较为直观地了解酒店产品,对酒店产品产生预先的体验,这样不仅扩大了消费群体,而且使无形的酒店产品"有形化",可增强预订群体对酒店产品的

信任度。

6.5 当前酒店电子商务存在的问题与未来展望

6.5.1 酒店电子商务存在的问题

随着计算机在酒店中的普及和应用，新的技术平台、新的技术特点不断涌现，适合国内特点的信息系统慢慢进入酒店，使得酒店管理系统进入了一个新的发展时期。应该看到，对于一、二星级甚至部分三星级酒店来说，电子商务环境的建设和应用还处于起步阶段，即使是五星级酒店，电子商务建设进程与客户对酒店的需求也有相当大的距离。网络营销作为一种网络手段，使用者不方便与客户直接互动，使客户严重缺乏信任感。其次，网络营销方式存在一定的技术和安全性问题，容易被对手窃取资料和销售思路。

1. 观念差距

一般的酒店经营者都认为酒店属于传统服务行业，酒店的营收主要是靠出租客房和床位。因此，酒店经营者混淆了投资酒店电子商务与投资房间内设施的区别，把二者的投资回报等同看待，没有把电子商务建设和改善酒店的经营、管理效率等方面的功效联系起来，没有把电子商务的价值融入酒店自身价值链，从而更好地在竞争中发挥作用。

2. 行业距离

酒店业属于劳动密集型服务行业，IT行业属技术密集型行业。由于这种行业间本质上的差异，致使IT公司尽管竭尽全力将最先进的产品设备或解决方案推销给酒店，但其结果往往是酒店付出了昂贵的代价而不尽如人意。主要是因为技术功能与酒店需求错位。目前，很多管理系统不能解决酒店面临的关键问题，并且管理决策层没有整体的规划，让开发商牵着鼻子走，供应商和酒店也没有利益上的一致性。

3. 缺乏行业标准

酒店业对电子商务的理解千差万别，加上IT公司各自为政的解决方案，使得原来技术水平就很有限的酒店眼花缭乱，盲目投资上马的项目比比皆是。就客房网络的具体实施来说，有ISDN、ADSL、XDSL、无线网卡、Cable Modem、光纤等方案，作为酒店应该选择哪一种，没有一个定式，也没有相关的行业标准。

4. 服务不到位

酒店是一个以服务为本的行业，依靠客人对各项服务的满意度来提升酒店的入住率和经营效益。酒店电子商务的实施，意味着酒店又增加了一项新的服务——电子商务服务。IT 公司负责策划和实施，但通常不承担日后的服务，因为 IT 公司不属于服务行业。倘若服务的责任落到酒店头上，酒店将无法应付。服务不到位使系统不能充分发挥作用。因此，由谁来为酒店提供电子商务服务是一个值得商榷的问题。

6.5.2 我国酒店电子商务发展环境中存在的不足

（1）国家发展电子商务还缺乏明确的发展战略和有力的技术经济政策。

（2）电子商务法律法规、电子商务标准和规范严重滞后，急需加强。现有的行政法规不适应电子商务发展之处未得到及时修订。研究制定电子商务的相关法律法规较滞缓，目前依然缺乏电子合同法、网上知识产权保护、隐私保护法、网上信息管制等多个法律法规，对网络犯罪的定罪和处罚尚没有实施细则。

（3）电子商务的发展所需要的市场经济环境、运行环境尚不完善，社会信用体系尚未完全建立，网络带宽、反应速度尚不满足要求，电子支付手段尚不完备，物流配送体系尚不配套。

（4）信息产业国产化产品技术水平与市场占有率低，重大电子商务应用工程、应用系统所用的软硬件产品主要依靠国外公司，系统集成与信息服务水平有待提高。计算机应用有关标准、规范既缺乏又不统一，急需加强。与电子商务有关的标准比较滞后，投入明显不足。

6.5.3 电子商务的规范化与标准化

酒店电子商务是一个新兴领域，我国在酒店电子商务规范与标准的整体制定和推行方面尚非常薄弱，这应是下一阶段发展的重点。

1. 电子商务理念：从"以交易为中心"到"以服务为中心"

未来的酒店电子商务应向增强与客户的双向交流、改善信息服务、通过个性化服务增加附加值的方向发展。目前，我国酒店电子商务"以交易为中心"色彩较浓，预计未来酒店电子商务将在服务上更加完善，更加人性化。

2. 电子商务规范与标准：整体制定与推行

首先是规范化。建立健全酒店电子商务规范体系，为酒店电子商务的实施和监管、企业和消费者的市场行为、信息内容和流程、技术产品和服务等提供指导与约束，预先对那些可能对酒店电子商务活动产生不利影响的潜在因素加以防范，是推动酒店电子商务持续、稳定、健康、高效发展的关键。

其次是标准化。酒店内部信息系统与酒店电子商务平台之间、酒店业与银行的信息系统之间应能实现互联，以自动处理频繁的信息数据交换。在国外，通常是由专门的组织（如OTA）制定出一套统一的数据格式和接口标准，酒店电子商务网站、管理信息系统在开发时都遵守这套标准，这样在一开始就保证了与其他单位的信息系统做无缝链接的可能性。我国酒店电子商务的数据也应尽快实施标准化，并与国际接轨。

6.5.4 新技术与人才培养

1. 新技术应用：移动电子商务将成为主流

移动电子商务结合智能网络技术，是真正实现以人为中心的电子商务应用。例如，移动支付的出现，使得顾客无论在何时何地，通过移动电话等终端就能完成对企业或对个人的安全的资金支付。新技术的应用将使酒店电子商务功能更加完善，应用更加普及。

2. 人才培养方向：复合型酒店电子商务人才

目前，人才的短缺正成为中国酒店电子商务发展的瓶颈。由于酒店电子商务是酒店业和电子商务的整合，所以唯独具有电子商务和酒店业知识的复合型人才，才能将电子商务的技术手段、应用功能和模式密切联系到酒店业组织、管理、业务方式及其特点之中。

教育部门应顺应时代要求，着力培养三个层次的酒店电子商务人才：善于提出满足商务需求的电子商务应用方式的商务型人才；精通电子商务技术，又具备足够的酒店管理专业知识的技术型人才；通晓全局，具有前瞻性思维，熟知酒店业电子商务理论与应用，能够从战略上分析和把握其发展特点和趋势的战略型人才。

【行业透视】

传统连锁酒店O2O突围全面开花

从当前国内的酒店行情来看，移动互联网化已是大势所趋。线上OTA和酒店团购的营收在不断增加，按理说OTA是在为线下连锁酒店导流，其营收也应该不断增加才对。可偏偏让人感到意外的是，很多线下经济型连锁酒店的业绩却开始全面下滑，与线上平台形成了强烈的反差。为何会出现如此这般惨象，原因主要有以下几个方面：

（1）线上 OTA 和酒店团购所采取的定价策略让线下经济型连锁酒店丧失了最核心的竞争力——价格，尤其是酒店团购，很多高档的酒店甚至也与团购网站合作，对部分房间进行低价出售，这极大地冲击到了经济型连锁酒店，大量的经济型连锁酒店用户转向 OTA 酒店预订和酒店团购。

（2）经济型酒店往往都会选择一些不是过于繁华的地段，其主要原因就是为了节省租金、物业等方面的成本。而目前国内的连锁酒店如家、7 天、汉庭等基本都集中在一、二线城市，房价的飞速上涨也带动了这些城市的房屋租金，这让经济型连锁酒店的运营成本也随之大涨，而经济连锁酒店的住房价格却难以涨上去，几乎多年维持不变，利润自然要下降。

（3）连锁酒店之间的竞争也日益激烈，加上每一个城市的门店越来越多，市场的饱和度越来越高，单个门店的收入自然也就会越来越少，业绩增速放缓自然也就难以避免。

（4）OTA 平台绑定连锁酒店发动的价格战，对于传统连锁酒店的整体收益也间接造成了影响。

为了生存，连锁酒店们自然不能坐以待毙，O2O 的到来对于拥有强大线下资源的它们是一个绝好的反击机会，这场借力 O2O 的反击战正在经济型连锁酒店当中全面开花。

■ 如家发动突围三大战略

OTA 和酒店团购的兴起对国内最大的经济型连锁酒店——如家的威胁是最大的，于是如家乘 O2O 之风发起了三大战略：

战略一：提供酒店出行服务。2014 年的 12 月份，如家与快的达成了战略合作，如家酒店集团旗下四个品牌近 3000 家门店与快的达成了战略合作。凡是入住如家酒店的客户都能享受到酒店提供的更快捷出租车叫车服务，并能让如家会员实现"一键叫车"。

点评：对于很多入住酒店的客户来说，最不方便的就是出行。从下飞机到出行再到赶飞机，都极其的不方便，携程联手快的则为入住酒店客户解决了这个旅游、出差等出行不便利的痛点。

战略二：全力打造自家的移动互联网平台。携程作为如家的最大股东，在酒店预定入口上自然会给予如家一定的位置，但是携程作为一个平台，也不能完全照顾如家这一家，必须权衡平台上所有酒店的利益。如家要想突围，就只能把携程当作自己的入口之一，于是如家又顺势推出了微信订房、App 订房等，以打造自家的移动生态。

点评：如家作为国内最大的经济型连锁酒店，多年的发展让其积累了强大的品牌实力，如家打造自家的O2O平台更容易获得用户认可，同时通过线上直接手机预订，能够定位附近的所有如家酒店，这是其优势所在。但是如家的这种移动O2O战略和其他平台并没有太大的区别，只是增加了一个移动入口而已，并不能给自己带来差异化的优势。

战略三：继续发展会员。会员预定在如家酒店的预定中占有相当高的比例，而会员当中大多数往往都是如家的忠实用户，发展会员对于如家巩固和加强自己的市场份额意义深远。

点评：几乎每一个连锁酒店都会把会员发展作为自身的核心战略之一，很多客户所拥有的酒店会员卡远不仅仅只有如家一家，能否给会员带来与其他连锁酒店不一样的服务才是如家能否真正获取忠实用户的关键所在。

■ 7天全力打造粉丝经济

与如家的三大战略不同，7天今天依然依靠会员直销的模式。不过与过去单纯依靠线下发展会员的模式不同，7天如今则开始通过线上获取会员、线下完善会员服务，结合线上线下完善O2O，全力打造粉丝经济。

首先，当年7天就是凭借着这种会员直销的模式实现了迅猛增长，如今7天借助互联网继续疯狂线上发展会员，拥有了强大的会员规模，7天就可以完全不用在意OTA和酒店团购的发展有多快，就能独步于整个酒店市场。

其次，7天一直都在不断提升线下会员的服务，这能大幅提升酒店客户的忠诚度，回头客将使7天酒店持久保持核心竞争力。

再次，与如家、汉庭等快捷酒店采取分销、直销兼并模式不同，7天完全采用的是直销的模式，这样就省去了OTA的中间费用，让用户入住酒店的价格更实惠。

从7天目前的O2O战略来看，只是简单地利用互联网和移动互联网来继续发展线上会员，并没有真正从O2O生态的角度上来打造连锁酒店。7天的这种会员模式与OTA的平台模式区别还是很大，虽然说7天目前依靠这种会员模式取得了快速的发展，但是要反攻OTA，7天还是需要在O2O上面多下一番苦功夫。

■ 尚客优农村包围城市，借酒店打造生活O2O

目前，携程、艺龙、如家、7天、汉庭等酒店预订平台和连锁酒店主要都集中在一二线城市，它们面临的问题和应对举措很相近，相比之下，来自三四线城市的黑马连锁酒店集团——尚客优则表现得更为大胆，其O2O的布局野心也最大。

第一，以酒店为中心，把周边0.5公里以内的生活服务商都圈进来，让它们成为尚客优酒店生活服务O2O平台的一分子，并开设尚客优品中式快餐、宝乐迪KTV、澳典蛋糕店、优悦SPA等一系列的配套增值服务，还有与连锁酒店配套的各类上门送餐、上门足疗、打车租车等服务。

尚客优围绕酒店的生活O2O布局，形成了自己的核心竞争力。对于很多去外地住酒店的客户而言，生活出行等不便利是他们最担忧的。尚客优则完全解决了客户吃喝住行等系列需求，也形成了一个基于附近生活的一体生态，类似于大城市中的shopingmall，酒店摇身一变成了商业地产平台，而酒店周围的吃喝玩乐相关的生活服务类商家则成为该生态的一员。可见，尚客优的野心在于做综合连锁酒店服务运营商，而不仅仅是酒店那么简单。与如家自建平台、7天自建会员系统不同，尚客优把酒店当作生活O2O的一个入口。当然，这种尝试是建立在三四线城市的商业生态弱开发基础上的，对于一二线城市，想这样玩则不太现实。

第二，围绕消费者的需求，做纵向延伸，从而打通线上和线下，实现O2O的消费闭环。此前马云和王健林围绕电子商务O2O有过话题争论，焦点是线上电子商务平台存在一个体验性差的短板，而线下的商业地产则可以提供一个场景供消费者体验，对电商平台而言是一个补充。尚客优的这种商业模式与王健林万达地产对马云电商的O2O反包围如出一辙，未来用户到尚客优住酒店完全有可能实现免费。

因为尚客优正在尝试"去酒店化"，酒店住的功能只是一个基础，酒店会在此基础上开发一个体验式消费闭环。酒店会演化成一个消费终端平台，酒店内的家居、床垫、灯光等其他配套商品都事先和供应商谈好，消费者在酒店体验，然后产生的消费可以和各大供应链条上的厂商进行分成。酒店天然具备的体验式场景，可以帮助各大供应商进行品牌输出和体验式消费。一旦这种模式趋于成熟，依照羊毛出在狗身上、猪来埋单的逻辑，未来酒店实现免费也不是没有可能。

不过，尚客优的这种探索是基于三四线城市的市场背景，随着三四线城市各商业业态成熟，尚客优未来还会面临新的挑战。

其一，尚客优得天独厚的优势是三四线这块区域市场主流酒店平台渗透程度较弱，但目前各大主流酒店都在向三四线城市扩展，这种O2O生活服务平台模式很容易被竞争对手模仿，对尚客优而言是个不小的压力。

其二，从商业生态上讲，三四线城市的刚性需求较弱，在前期导流环节，尚客优还得依赖OTA平台，而OTA如果固守其定价规则不变，尚客优的商业模式探索就很难落到实处。

■ 华住，把酒店打造成IT公司

华住正在积聚所有的力量将自身打造成一家具备IT基因的连锁酒店，试图通过互联网思维的服务方式，全面提升汉庭、全季、漫心、星程、海友和禧等旗下六大品牌的酒店服务。

第一步，华住通过官网、APP、携程、艺龙、去哪儿、微博、微信等11个互联网渠道的部署，让客户网上自助选房，通过官网和华住的APP，就能像在机场进行自助值机时选座位一样选房，不同的是客户可以看到房间外的地图、房间的建筑布局等实况。

点评：华住的这个全面开花战略，意在利用所有的互联网酒店平台来为其自身提供入口，这样一方面解决了线上的入口问题，另一方面也不会对某一个平台过度依赖，但同时在很多方面也会受制于各大平台，最终很有可能也就沦为了OTA平台的一分子。

第二步，华住在汉庭1300多家门店推出了一项非常具分量的门店自助Check-in服务。从外观上看，自助终端类似一台iPad，右侧带有身份证刷卡槽。顾客可以通过这台终端完成预订、选房、支付整个流程，最后到前台取房卡和发票。

点评：华住推出的这种自主终端服务，对于客户线下办理入住酒店的确十分便利。让客户自主选择自己想要入住的房间，这是华住打造O2O服务的差异化的体现。

第三步，通过借助互联网技术，打造等边三角形O2O2O服务：第一条边是利用互联网渠道，向用户传播、销售线下产品和服务；第二条边通过在线为用户提供产品和服务；第三条边通过企业自身提供线下产品和服务。

点评：从华住的等边三角形O2O2O服务战略来看，的确是非常好地将线上与线下结合了起来。不过，在提供什么样的线下线上产品与服务等方面，目前还没有看到华住非常强力度的落实。

其他诸如布丁与支付宝合作进军O2O、99连锁与饿了么达成酒店外卖服务等都是传统连锁酒店向OTA、酒店团购发起的O2O突围。从如家、7天、尚客优、华住等连锁酒店不同的O2O战略可以看出，它们都具有一定的杀伤力，OTA和酒店团购平台接下来的路并不会那么顺利。

资料来源：刘旷．亿欧（http://www.iyiou.com/p/17493）．

复习思考题

（一）名词解释
1. 电子商务
2. 酒店电子商务

（二）简答题
1. 简述电子商务的定义和特征。
2. 简述酒店业对电子商务的需求。
3. 电子商务在酒店中的应用优势有哪些？
4. 当前酒店电子商务存在的问题主要有哪些？

第七章 系统业务流程与功能模块

7.1 客房管理系统

7.1.1 系统介绍与需求分析

1. 系统介绍

客房管理系统是一个酒店不可缺少的一部分，它的内容对于企业的决策者和管理者来说都是至关重要的，因此，客房管理系统应该为用户提供充足的信息和快捷的查询手段；传统的人工方式管理存在着许多缺点，诸如效率低、保密性差等，而且时间一长，将产生大量的文件和数据，给查找、更新和维护都带来不少的困难。使用计算机对酒店客房信息进行管理，具有人工管理无法比拟的优点——检索迅速、查找方便、可靠性高、存储量大、保密性好、寿命长、成本低等，极大地提高了酒店客房的管理效率。

酒店规模的扩大，客房数量的增加，有关客房的各种信息量也在不断增长。面对庞大的信息量，就需要有客房信息管理系统来提高客房管理工作的效率。传统手工的客房管理，管理过程烦琐而复杂，执行效率低，并且易于出错。通过这样的系统，我们可以做到信息的规范管理和快速查询，实现客房信息管理的系统化、规范化和自动化，不仅减少了管理工作量，还提高了管理效率，降低了管理成本。

客房管理系统的主要任务是对酒店的客房进行管理，使用户能轻松地找到所需要的客房信息，提供订房和退房服务，并对酒店客房的业绩进行统计。酒店要想依托计算机网络开展现代化管理，必须首先依据酒店行业特定的运营方式和工作流程，在实用和可行的前提下，对电脑软件系统要开展的工作提出一些基本要求。这些要求会促使开发者和用户共同去全面深入地分析了解酒店的运作机制，区分经营项目类别和经营方式，掌握经营的难点和侧重点，从而才能在此基础上设计和开发出既符合酒店的实际情况又能充分发挥计算机管理的积极作用的独具特色的管理信息系统。这个系统应该给酒店的经营带来直接或间接的经济效益，使酒店能在先进的计算机网络系统的支撑下在管理方面逐步上档次上水平，进一步提高效率和体现酒店的整体形象。基本要求如下：

实现多操作点的信息共享，相互之间的信息传递要准确到位、快捷和顺畅。例如，客人在结账时离不开入住时间、餐饮、消费、娱乐、房费、账单等多种信息的检索和综合。系统 24 小时连续可靠运行，对重点业务实施全天候动态监管。酒店中客人往来是随机的，因此酒店必须提供 24 小时不间断的服务。系统维护方便可靠，有较高的安全性，满足实用性、先进性和经济性的要求。实现一个能对酒店客房租住信息、客人信息、结算信息的管理，实现前台操作流程较方便、清晰、高效的信息管理系统。

2. 需求分析

根据酒店客房管理系统的理念，酒店客房管理系统必须满足以下需求：
- 具有设置酒店客房类型和房间信息的功能；
- 能快速、准确地了解酒店的客房状态，以便订房和退房；
- 提供多种手段查询客房订房信息；
- 提供修改订房和修改退房功能；
- 提供简单的酒店工作人员可添加用户和修改密码功能。

酒店客房管理系统的用户是酒店的前台、财务和管理人员，实际包括客户信息管理、客房类型管理、客房信息管理、预订客房信息管理、入住登记信息管理、续住登记信息管理、退房登记信息管理、实收房款管理、客户消费统计表和实收款统计表等主要功能，具体如下：
- 客户信息的添加、修改、删除和查询；
- 客房类型信息的添加、修改、删除和查询；
- 客房信息的添加、修改、删除和查询；
- 预订客房信息的添加、修改、取消预订和查看详细信息；
- 登记入住和修改登记信息；
- 保存续住登记信息；
- 保存退房登记信息；
- 保存实收房款信息；
- 查看用户消费统计表和实收款统计表。

7.1.2 系统性能需求分析

为了保证系统能够长期、安全、稳定、可靠、高效地运行，系统应该满足以下的性能需求：

1. 系统处理的准确性和及时性

系统处理的准确性和及时性是系统的必要性能。在系统设计和开发过程中，要充分考虑系统当前和将来可能承受的工作量，使系统的处理能力和响应时间能够满足用户对信息的处理。系统的查询功能对于整个系统的功能和性能完成很重要。从系统的多个数据来源来看，客房信息查询、订房信息查询、结算信息查询，其准确性很大程度上决定了系统的成败。

因此，在系统开发过程中，系统采用优化的结构化查询语言（Structured Query Language，简称 SQL）语句及安全扩展存储过程来保证系统的准确性和及时性。

2. 系统的开放性和系统的可扩充性

系统在开发过程中，应该充分考虑以后的可扩充性。例如，系统权限和客房信息设置等模块也会不断地更新和完善。所有这些都要求系统提供足够的手段进行功能的调整和扩充。而要实现这一点，应通过系统的开放性来完成，即系统应是一个开放系统，只要符合一定的规范，可以简单地加入和减少系统的模块，配置系统的硬件。通过软件的修补、替换完成系统的升级和更新换代。

3. 系统的易用性

酒店客房管理系统面向的用户是酒店内工作人员，而有些使用人员往往对计算机并不是非常熟悉，所以系统操作要简单、方便、快捷，便于用户使用。这就要求系统能够提供良好的用户接口、易用的人机交互界面。

4. 系统的响应速度

在系统设计中，客服管理系统摒弃了大量冗余数据，提出了优化数据库的解决方案，大量使用存储过程，大大提高了系统响应时间和速度。客房管理系统在日常处理中的响应速度为秒级，达到了及时反馈信息的要求，严格保证了操作人员不会因为客服管理系统的速度问题而影响工作效率。

7.1.3 系统的数据需求

通过对系统功能需求的分析，可以初步确定系统的基本数据需求。由各个功能可以进一步确定具体的数据需求，具体数据需求如下：

（1）房间类型：类型编号、类型名称、面积、床位数、价格、三电信息（空调、电视、电话）、卫生间。

（2）房间信息：房间编号、房间类型、房间位置、房间价格、房间状态、备注。

（3）订房信息：订房编号、顾客编号、顾客姓名、房间编号、入住时间、折扣、入住备注、预计退房时间、应缴房费。

（4）退房信息：房间编号、顾客编号、顾客姓名、退房时间、退房缴费、订房编号。

（5）顾客信息：顾客编号、顾客姓名、顾客性别。

（6）用户信息：用户编号、用户密码、用户职位。

7.1.4 系统功能模块

根据酒店客房系统的介绍和需求分析，系统用户分为系统管理员、领班用户和服务员用户三种情况。这三种用户的权限说明如下：

1. 系统管理员用户

在系统初始化时有一个默认的"系统管理员用户"（Admin），由程序设计人员手动添加到数据库中。他的默认密码是111111。Admin用户可以创建用户、修改用户信息以及删除用户，除此之外，Admin用户还拥有系统的所有其他功能。

2. 领班用户

领班用户可以对服务员用户进行管理，包括创建用户、修改用户信息以及删除用户信息等。但是，他不能管理其他领班用户。领班用户可以使用除统计报表外的所有其他功能，如图7-1所示。

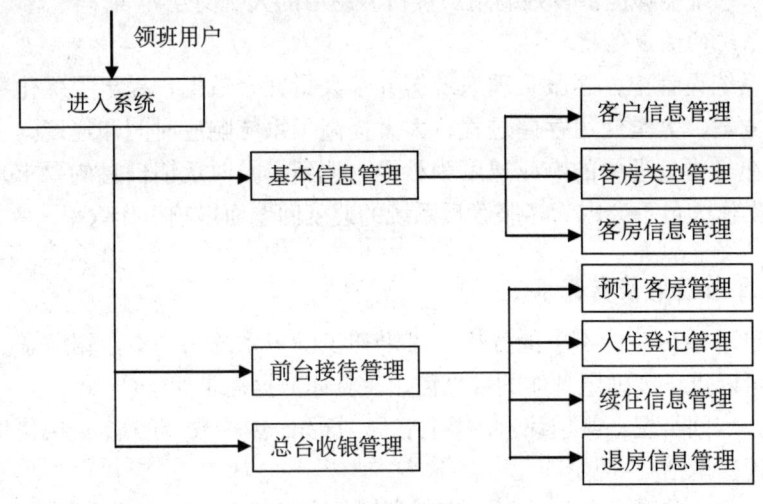

图7-1 领班用户功能模块

在系统中，应该首先增加基本信息，之后才能进行前台接待管理。基本信息包括客户信息、客房类型信息和客房信息等。基本信息管理模块可以进行添加、修改、删除和查看等操作。客户信息包括客户类别、客户单位、客户姓名、证件类型、证件编号等。客房类型信息包括房间类型、床位数量、房间数目、是否有空调、是否有电话、是否有电视、是否有独立卫生间、是否有冰箱等，它为客户信息提供类型数据。客房信息包括客房编号、客房类型、房间朝向、价格等，在输入房间信息时需要输入房间类型信息。

添加基本信息后，就可以进行前台接待管理了。前台接待管理包括预订客户管理、入住登记管理、续住信息管理和退房信息管理等模块。

在预订客房信息管理模块中，可以对客房的预订信息进行添加、修改、取消预订和查看等操作。预订客房信息包括客户信息、预订日期、押金等信息。在添加预订客房信息时，需要首先选择客户信息和客房信息。

3. 普通用户

普通用户的权限较低，他只能管理自身的用户信息。普通用户只能访问前台接待和总台收银两个模块的功能，如图 7-2 所示。

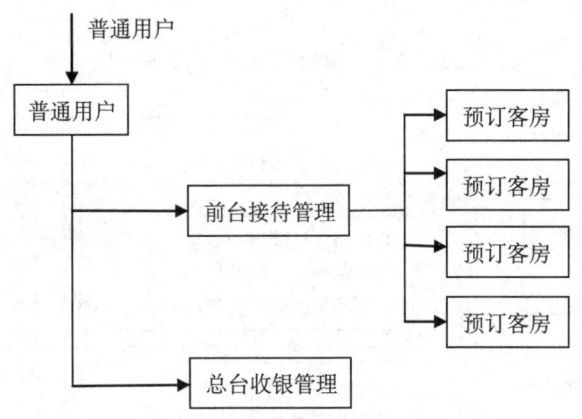

图 7-2 普通用户功能模块

在预订客房信息管理模块中，可以对入住登记信息进行添加和修改等操作。入住登记信息包括客户信息、客房信息、入住日期、入住天数、报价和押金等信息；在添加登记信息时，首先要选择客户信息和客房信息。

在续住信息管理模块中，可以录入续住信息。编辑续住登记信息相当于重新编辑入住信息，但是不能修改入住信息、报价和折扣等信息。

在退房信息管理模块中，可以对登记入住的房间执行退房操作。执行退房操作后,需要将房间状态设置为"退房"。

在前台收款模块中,用户可以录入收款金额,同时将记录状态设置为已结款。

在统计报表模块中,可以查看客户消费统计表和实收款统计表,从而了解酒店的经营状况。只有系统管理员用户才有权限进入统计报表模块。

7.1.5 系统业务流程

系统流程分析是指用户在使用系统时的工作过程。运行系统后首先会看到登录窗体,对用户的身份进行认证。身份认证可以分为以下两个过程:确认用户是否是有效的系统用户,确定用户的类型。

第一个过程决定了用户能否进入系统,第二个过程根据用户的类型决定用户的操作权限。系统流程分析如图 7-3 所示。

在系统流程分析图中可以看到,每个用户有 3 次机会进行身份认证。如果 3 次输入的用户名和密码都无法与数据库中的数据匹配,则强制退出系统。

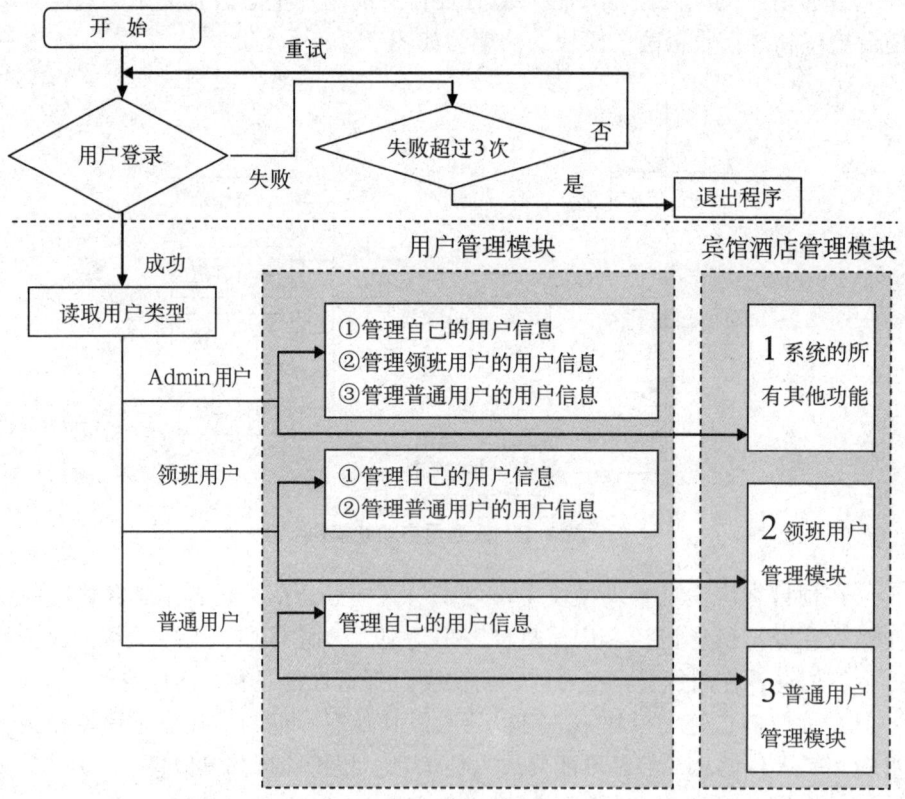

图 7-3 系统流程分析

进入系统后，不同类型的用户拥有不同的权限，所能进行的操作也不同。这些操作可以笼统地分为用户管理模块和宾馆酒店管理模块。Admin 用户拥有一类权限，即可以使用所有的系统功能；领班用户拥有二类权限，功能如图 7-1 所示；普通用户拥有三类权限，功能如图 7-2 所示。如果要对普通用户进行管理，则使用 Admin 用户登录，创建领班用户和普通用户；在创建用户时，需要输入用户名和密码。创建用户后，可以为工作人员分配不同的用户，每个用户使用自己的用户名进入系统。

7.2 餐饮管理系统

7.2.1 系统介绍

近年来，随着信息技术的迅速发展及管理理论的不断突破创新，管理信息系统也得到了飞速的发展。但是，现有的信息系统只是对传统的点餐模式的"无纸化"办公，没有整合供应链与成本管理的思想。餐饮企业还处在厨师长领导下的计划经济模式，整个菜系的管理由单纯的厨师长管辖。一个好的厨师长的去留关系到一个餐饮企业的命运，传统餐饮企业的扩张模式受到厨房体系的制约。究其原因，是没有对菜品实施标准化处理，没有将菜品生产流程标准化固定下来。

目前，我国餐饮业普遍采用的订餐工作方式是客户通过电话与餐厅联系，由餐厅工作人员通过餐饮企业内部的餐饮管理系统实施订餐工作。从一定程度上来讲，这种工作方式仍没有完全脱离手工式工作，工作效率低。

传统的餐饮管理现在已经很难应对当今社会对餐饮业的管理要求，它与现在的基于计算机技术发展起来的餐饮信息管理系统对比，有以下几大不同：

（1）便捷性方面。传统的人工对餐饮信息进行管理。例如，顾客信息管理、菜单信息管理和订餐信息的管理，都是很烦琐的过程，其中的任何一个过程都要浪费大量的时间；而随着计算机技术的发展，这些原本烦琐的问题都会变得轻而易举。

（2）安全性方面。传统的纸质记录方式查询起来很麻烦，而且保密性很差，并且容易磨损丢失，对于会员余额的管理是非常不利的。但如果采用的是电子文档的方式进行数据的保存，这一切都变得非常简便，可以方便地对数据信息进行备份查询，并且数据的安全性可以得到最大程度的保证。

（3）准确性方面。传统的人工记账容易出错，如果采用这种方式来处理现在的含有打折信息的消费结算会使得工作量很大，如果计算出错将严重影响企业的声誉。而如果使用软件系统，这些问题都将不会出现，计算机的错误率几乎为零。

建立酒店餐饮信息系统，采用计算机对酒店餐饮信息进行管理，可以进一步提高酒店的经济效益和现代化水平，帮助酒店工作人员提高工作效率，实现酒店餐饮信息管理工作流程的系统化、规范化和自动化。通过前台的菜品信息展示以及包厢展示，通过购物车的模式形成餐饮企业的电子商务平台，通过后台的库存系统，整合餐饮企业的供应链，提高在信息化条件下的管理水平，对在激烈竞争的餐饮行业中求发展的餐饮企业来说，无疑是一个福音。

7.2.2 系统需求分析

现在的管理系统不仅要有漂亮的用户界面，更要有严谨的规划，注重每一个细小的环节，这样才能在电子交易时避免发生不必要的错误。因此，系统的设计与实施必须迎合 21 世纪经济高速发展、人们的生活节奏日益加快以及现代餐饮业越来越发达和便捷这一现状。

为了使系统更加人性化，便于管理员管理，系统的用户将分为两种类型：一个是针对员工的餐饮管理系统，另一个是针对管理员（店主）的餐饮管理系统。

(1) 员工使用餐饮信息管理系统应实现以下功能：
- 添加修改查询客户会员信息（修改客户信息需客户确认）；
- 查询菜单；
- 添加查询预订信息，为老顾客打折；
- 客户可以在自己的会员账户里充值；
- 顾客可以用现金买单也可以从会员账户里扣取。

(2) 管理员使用餐饮信息管理系统应实现以下功能：
- 添加修改查询客户会员信息（修改客户信息需客户确认）；
- 添加修改查询菜单信息，最好能看到菜品图片；
- 添加查询预订信息，为老顾客打折；
- 设定具体的打折方法；
- 添加职员信息，权限也可以定为管理员；
- 可以查询使用者的现金收款金额。

7.2.3 系统功能模块

根据以上需求，餐饮信息管理系统功能模块包括系统登录退出模块、客户信息管理模块、菜单信息管理模块、订餐信息管理模块、充值结算管理模块、折扣信息管理模块和员工信息管理模块，如图7-4所示。

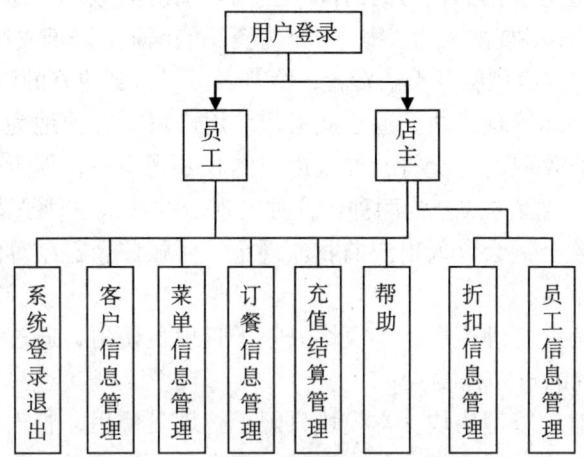

图7-4　餐饮信息管理系统功能模块

（1）系统登录退出模块。本模块用于用户登录、注销和退出。模块根据用户的不同类型给予用户不同的管理权限。低等级的用户不可访问高等级用户的个别功能，而高等级用户可以使用低等级用户的所有系统功能。

（2）客户信息管理模块。本模块将餐饮企业松散的客户资源加以整合，通过标准化的管理操作，将客户资料加以收集。用户使用本模块可以方便地查询客户的所有资料和客户消费信息。本模块特意添加了图像模块，使得用户的图像信息加以保留，方便使用者的查询和记忆；当客户再次光临时，服务人员可以直接认出客户，这将使得客户感到无微不至的关怀，提升餐厅的品牌形象。客户的资料变更需经客户的确认，以避免出现因失误操作导致的客户信息流失。

（3）菜单信息管理模块。本模块将餐厅的菜品信息通过标准化的管理操作加以整合，使得菜品的价格、配料、功效和图片可以完全呈现在客户面前，客户可以方便地选择自己想要的食物。本模块的分权限设计将限制普通员工对菜单信息作修改，以防止菜单价格被恶意修改，以保证餐厅正常可靠的运营。

（4）订餐信息管理模块。订餐模块使得传统餐饮订餐过程变得轻松方便，订餐信息管理模块会在客户订餐的同时核对客户所预订的餐桌的使用情况，避免传统订餐易出现的预订重合问题。本模块在客户订餐的同时会给出已预订的菜品价格，帮助客户开心合理地消费。模块中包含的打折服务是本模块的一大特色。它将参考客户以往的消费情况和管理员设定的折扣程度对客户进行打折服务。后台的厨房通过本系统可以清楚地知道客户预订的菜品，这样就节省了大量用于菜品核对的时间，提高了厨房的效率，缩短了厨房上菜的时间，减少了不必要的人力、物力、财力资源的消耗，降低餐厅的运营成本，使餐厅以更高的性价比服务于消费者，消费者可以得到更好的消费体验。

（5）充值结算管理模块。通过此模块，用户可以方便地为客户提供充值结算服务，充值收取的现金将会计入用户的收款现金中，便于管理员结算时核对收款金额。结算方式分为两种：一种是现金结算，一种是账户余额结算；现金结算的收款金额会计入用户的收款现金，而账户余额结算的金额会从客户的账户里扣除。

（6）折扣信息管理模块。本模块只限于管理员使用，通过它可以设定为客户打折时用到的折扣程度。

（7）员工信息管理模块。本模块只限于管理员使用，管理员使用它，可以添加或删除用户。用户类型分为店长（管理员）和职员。管理员删除用户时，如果要删除的是普通职员，系统将直接执行命令；如果要删除的是管理员账户，系统会先查看剩下的管理员账户数量，最少保留一个管理员账户，便于下次的登录。如果删除的用户是管理员本人，则在删除账户后，系统将会要求使用者重新登录。

管理员权限划分如图 7-5 所示。

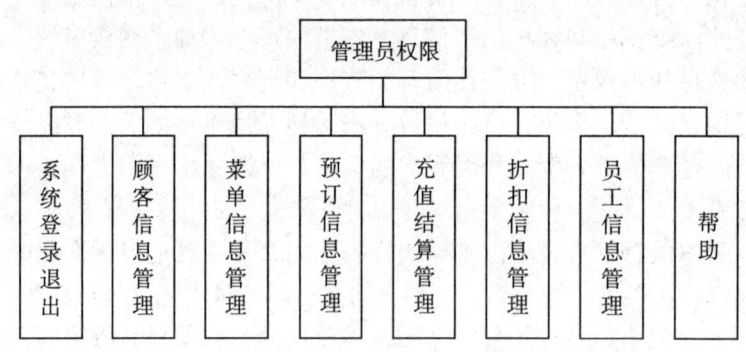

图 7-5 管理员权限模块

管理员可以使用本系统的所有功能。

员工权限划分如图 7-6 所示。

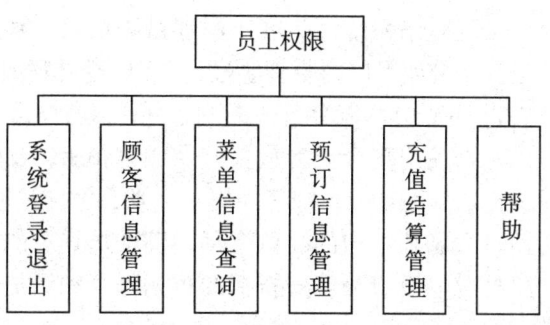

图 7-6　员工权限模块

员工使用本系统可以使用除了菜单信息编辑、折扣信息管理模块和员工信息管理模块之外的所有功能。

7.2.4 系统流程分析

系统流程分析如图 7-7 所示。

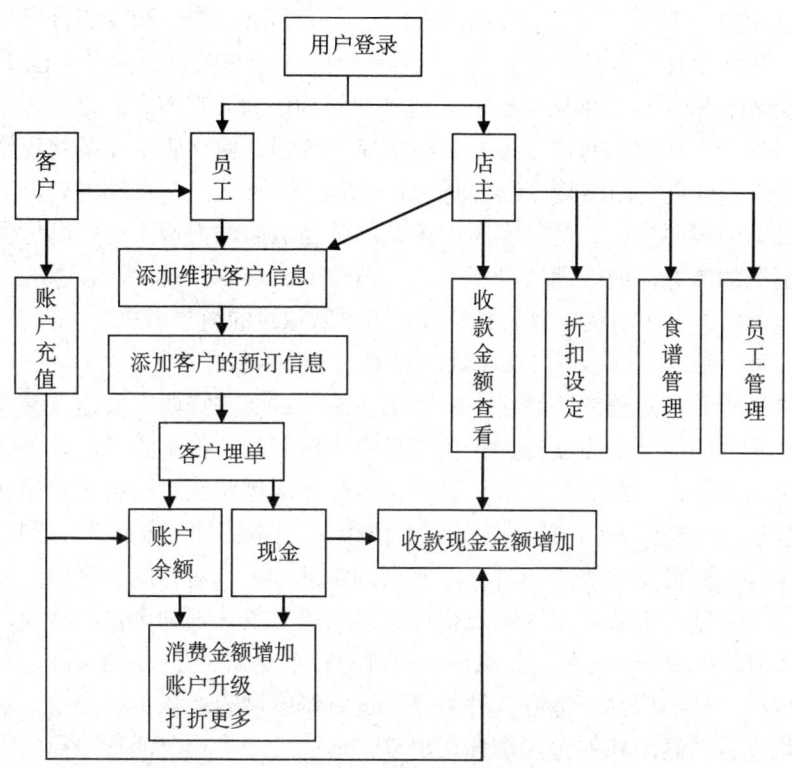

图 7-7　系统流程分析

流程图简介：员工登录系统后为客户添加基本信息，客户可以根据需要在开通的账户里充值（增加用户的收款金额）。客户通过餐饮信息管理系统进行订餐（老用户在此环节中可能会享受打折服务）。客户用完餐后来到服务台埋单，用户可以选择使用现金或者从用户余额里扣除，支付成功会增加客户的已消费金额。若余额不足，系统将会提示，那么客户只能使用现金支付。使用现金支付的话，会增加用户的收款金额。管理员登录的话，可以使用员工的所有功能，而且可以设定为客户打折的折扣程度和添加菜单，以及管理员工账户。

7.3 康乐管理系统

7.3.1 酒店康乐部介绍

1. 客源结构的差异性决定康乐消费的水平

康乐消费与客房、餐饮等消费的一个明显的差异就是康乐消费作为人们精神享受的一部分，具有很大的弹性。在中国酒店业中，20%的合资和外资酒店，其营业收入占到整个酒店业的80%。一个最重要的原因是，这20%的酒店垄断了90%以上的国际商务客和其他类型的海外旅游者。这些客人除了住宿以外，在餐饮、购物等方面的消费能力较强，使酒店整体经营设施得到充分利用，促进了酒店整体经营业绩的提高。其他80%的中国酒店，主要是以中国国内客源为主。这些客源中绝大部分在酒店的消费主要是满足住宿等基本消费的需要，而在酒店进行餐饮、消费的却很少。所以，客源的结构决定了消费能力，而消费能力又影响对酒店康乐项目的消费水平。

2. 康乐功能定位的不同反映康乐在酒店中的地位差异

在酒店经营过程中，酒店中的康乐功能，最初是按西方人追求健康和缓解工作压力的需要而设立的；在相当长的一段时间，因中国国内顾客缺少对酒店设施的需求，酒店中的康乐设施大多处于闲置状态，酒店的康乐部门一直处于从属地位。一些酒店将其归属于前厅部，有的归属于客店部。近几年来，随着中国居民可支配收入和可支配时间的增加，人们对休闲、康乐、健身等更高层次的精神消费需求也随之增加。人们越来越认识到康乐的重要，也越来越多地乐于在康乐上投资，康乐正在改变着不同地区人们的生活。

中国一些酒店为了适应这种需要，适时调整酒店康乐市场定位，康乐部门不仅逐步从其附属的部门中独立出来，形成一个专业化的管理部门，成为与客房、餐饮等部门平行的重要部门，而且面向当地市场经营，使酒店康乐项目成为当地人们消费的代表性场所。例如，深圳三九大酒店的月光城以其趣味性、新奇性及刺激性的内容，在过去几年里一直成为深圳人的首选。阳光大酒店的阳光俱乐部以其健身性、休闲性、高雅性，面向深圳本地人开展会员制服务。酒店无论其类型如何，只要从市场需求出发将康乐功能进行合理准确的定位，使酒店康乐功能符合时代发展的趋势，酒店就能获得丰厚的利润。在目前微利的环境中，酒店应不断地创新，推出符合市场需求的特色项目，使酒店的康乐设施得到充分利用，并使之成为酒店营业收入的重要来源。

3. 康乐项目的选择影响酒店的盈利能力

酒店经营者过去因对康乐经营的不重视，在项目选择上赶潮流，市场上流行什么，就经营什么，内容雷同，人为造成了酒店康乐经营的难度。

中国新的《酒店星级的划分与评定》中只保留必备的健身设施，如健身房、游泳池、美容美发中心等。康乐项目、康乐设施中大部分内容调整到加分项目中，使酒店在康乐项目的设置上有了很大的选择权。酒店不仅可以选择歌舞厅、音乐厅、投影电视、迷你电影厅、卡拉OK厅、夜总会歌舞厅、地方特色的民俗风情表演，如茶道、民歌、民族舞蹈等项目，而且可以选择网球场、保龄球室、桌球室、乒乓球室、高尔夫练习场、射击场或射箭场、溜冰场、游艇、儿童康乐室、室内游泳池等运动休闲项目，还可以选择棋牌室、桑拿、美容、按摩等保健服务项目。这样将引导酒店在提供基本康乐服务项目的同时，酒店还可以因地、因店、因时不同而选择特色服务项目，从而形成特色经营。

例如，都市中心的商务酒店因场地限制，不可能设置占地面积很大的乡村高尔夫，但为了满足日益增长的高尔夫爱好者的需要，可考虑造小型高尔夫球场或室内模拟高尔夫练习球场。寒冷地区的酒店一般不宜建室外游泳池，这是因为受气候和季节的影响，室外泳池一年中只能在6、7、8三个月开放，利用率较低。市场的运作机制是优胜劣汰，而竞争压力将始终驱使酒店合理选择康乐项目，实现资源的优化配置。

4. 康乐项目的特色功能体现现代酒店经营趋势

首先，康乐部的地位越来越重要。康乐部是高星级酒店的重要标志之一，目前，酒店为了适应竞争的需要，不断引进新的康乐设备，完善其服务设施，这样对康乐部所应达到的管理标准和职能要求也越来越高。酒店康乐部的管理内容也随着规模的扩大而繁多。在酒店的运行中对康乐部的职能提出了更高的要求。康乐部必须在尽可能提高酒店各种康乐项目盈利能力的同时，尽可能地降低能源、原材料、配件和人力消耗。

其次，康乐项目是酒店特色经营的体现。酒店实施差异化经营战略关键在于推出不同于竞争对手的特色产品，为顾客创造更多的价值，而康乐项目正是酒店彰显个性和突出风格、体现酒店独特性的重要内容，有利于形成具有特色的酒店品牌，并最终赢得市场的认可。例如，北京前门酒店的老舍茶馆，展示了以京剧为特色的中国传统文化的形象，杭州国际大厦 Radisson 广场酒店成功地树立了一个现代化的歌剧院的独特品牌形象。

再次，康乐项目可延长顾客停留时间，提高酒店接待能力。酒店康乐项目不仅为度假旅游的客人提供休闲、游玩、社交的场所，而且也为商务客人提供健身、运动的基本条件。酒店具有特色的休闲、康乐项目，丰富酒店内容，形成了特有的市场吸引力，如商务酒店的客房新增交互式多媒体游戏、卡拉OK 点播、网上博弈、视频点播、收费电视、音乐与剧场转播、频道租用等康乐项目，提高了客房出租率，延长顾客的停留时间，增加了酒店收益。

5. 康乐管理模式呈多样性反映酒店经营的多样化

不同类型的酒店为了实现经济效益最大化，在不断推出新颖和具有市场吸引力的项目的同时，也在探索切实可行的管理体系来规范和管理项目的经营。康乐部的管理模式目前常见的有以下三种：

第一种是最常见的传统自营式管理模式。康乐部的人、财、物和所有业务由酒店统一经营和管理。这种模式的优势是酒店能根据自己的发展需要统一规划、协调发展，不足是适应市场变化的能力较差，这也是大部分酒店康乐经营盈利性差的原因之一。

第二种是业务外包式管理模式。酒店将康乐经营外包给专业型的企业来经营和管理，也就是购买第三方的服务而不是酒店内部员工来完成这些工作。这有利于酒店将注意力集中到自己的有竞争力的核心业务上。从事专业康乐经营管理的公司，不仅在项目经营上具有可靠性、专业性、前瞻性、系统性的特点，而且能降低经营成本，比酒店自己做更有把握。现代酒店的一些附属或非主营业务，如美容美发厅、歌舞厅等外包给外面的企业来经营。酒店业务外包在国外是比较流行的一种管理模式，在中国也成为酒店业的一种发展趋势。但业务外包应选择专业特征明显并具有一定知名度的服务企业或机构。

第三种是独立实体式管理模式。当康乐部门独立对外的业务量比较大，市场影响力较大时，为了便于开发康乐业务，康乐从酒店中独立出来，以新的合资、股份或作为酒店子公司等独立实体存在，如独立的俱乐部模式来经营康乐业务，这样酒店可以很好地把控康乐经营的风险或不确定性。

总之，随着人们观念的更新、审美情趣的变化，对康乐的需求也在不断变化。酒店经营者应对那些康乐形式单调、内容不受消费者青睐的项目加以改造，使之内涵加深、外延拓宽，从形式和内容上都更符合客人的需要。

7.3.2 系统需求与系统目标

1. 系统需求

近年来，国内旅游餐饮业，特别是酒店行业的发展，逐渐打破了传统的普通旅游业那种以住宿休息为服务核心的单一运行管理方式。如雨后春笋般拔地而起的高级酒店，以其富丽堂皇的装饰、整洁舒适的环境、完善先进的设施、全面周到的服务和现代化的管理，展示出全新的城市文化和文明形象。

酒店前台一般是以客房为主导，除了房费按客房结算，客人在酒店内的其他一切消费也基本上是按房间号划分。而康乐部则以每位客人为主导，客人的消费是按每人持有唯一性标志进行记录和统计的，它强调的是每位客人在酒店内的不同消费和接受的各种服务，也就是说消费与客人直接对应，这也是客人持卡消费的业务基础。

前台以住宿为主要功能，房费结算也基本上是按天结算，其营业过程具有明显的时间段概念，故而大部分软件系统中都设置夜核功能，一般是在夜间（0点以后）将前一天的营业情况和数据进行核对、出汇总表，并完成数据库的整理和历史数据的转存。而康乐部的娱乐休闲没有明显的时间段要求，客人随时可能来，也随时可能走，房费不以天为单位计算，没有客人在几点以前（以后）离开如何计费的说法，而是根据客人在店内停留的实际时间长短具体计算。因此，软件系统也就无法也没必要设置夜核功能，需要随时对数据库进行整理和转存历史数据，报表也是实时的，随时可以按照用户的要求统计产生。

2. 系统目标

酒店康乐部依托计算机网络开展现代化管理，必须首先依据酒店行业特定的运营方式和工作流程，对电脑软件系统开展的工作提出一些基本要求。这些要求会促使开发者和用户共同去全面深入地分析、了解酒店的运作机制，区分经营项目类别和经营方式，掌握经营的难点和侧重点，从而在此基础上设计和开发出既符合酒店的实际情况又能充分发挥积极作用的独具特色的管理信息系统。这个系统应该给酒店的经营带来直接或间接的经济效益，使酒店能在先进的计算机网络系统的支持下在管理方面逐步上档次上水平，进一步提高效率和体现酒店的整体形象。这些基本要求如下：

第一，实现多操作点的信息共享，相互之间的信息传递要做到标准、快捷和顺畅。在酒店管理信息系统中，各操作点在信息处理过程中离不开相互之间的信息传递。例如，客人在结账时离不开入住时间、餐饮、消费、娱乐、房费、账单的相互关系等多种信息的检索和综合。表面上看，每个操作点的信息处理量都不是很大，都是些简单的录入、计算、修改和查询等，但对各类信息实施灵活而有序的实时管理，关键在于系统应用平台对信息共享的支持程度。

多操作点的快速并行工作，要求各操作点对相关信息的处理基本上能同时进行。虽然多用户或网络管理软件的操作系统支持这种需求，但在应用系统的分析设计和程序开发过程中也要注意这个问题，避免引起冲突，这一点十分重要。另外，必须在提供多点并行处理的同时，保证信息的可靠性和实时性。例如，当客房部门因故修改房间状态后，为客人办理入住用房手续的前台就应当及时得到或探知最新的房间信息，避免因在同一时刻对同一房间采取不同的信息处理过程而产生业务上的误导。总台结账时，发现该账户仍然有消费项目正在点单，则由系统提示收银员暂缓进行结账操作。

第二，采用图形化的操作界面，使人机对话方便、易懂、易用、易培训。尤其在前台部分，当操作员在微机上进行业务处理时，其操作方式和相应的操作码要尽量简化统一，使操作员基本上靠移动鼠标来完成任务。这一点与酒店要求前台工作人员尽量面向客人的规定是一致的，操作员过多地注视屏幕会使客人有冷落感。因此，人机对话过程要尽量符合操作者的思维习惯，采用图形/图块显示方式，这样会减少理解和学习的难度。常用的服务内容和项目一般采用速记码快速输入，可缩短操作时间，减轻工作强度。此外，由于多数酒店的中下层员工流动性较大，造成其电脑管理部门经常忙于开展对新员工的电脑操作培训和技能测试。如果应用软件系统的操作方式简单划一，人机对话形象方便，就可以减少再次培训的难度和工作量。

第三，系统24小时连续可靠运行，对重点业务实施全天动态监管。酒店中客人的往来是随机的，因此酒店必须24小时提供不间断的服务。这对系统的要求包含两个方面：

系统设计要面向连续性。系统要满足客人随时点单、查询和结账的要求，需考虑在汇总报表及每日交接班时支持对其他业务的并行处理，避免对酒店正常业务的影响。在程序设计中，要充分考虑24小时连续工作中对数据处理的实时性要求，采取措施自动进行数据的存储、整理及一致性校验。

系统的维护和管理要面向连续性。软件开发时，必须考虑系统在连续工作条件下的可维护性，出现局部故障后系统总体的强壮性，需要对重要信息进行动态监管，并建立有效的事后安全恢复机制。当然，为了保证系统的连续正常运行，在系统试运行期间进行完全彻底的测试必不可少。开发者要在系统建立初期就为酒店代培网络管理系统和业务管理系统的系统管理员，并支持其自行开展系统的维护管理工作，同时开发者也要安排专业维护人员对系统运行中的特殊要求随时响应。

第四，系统维护方便可靠，有较高的安全性，满足实用性、先进性和经济性的要求。在系统设计时就应当选择先进的软硬件平台和面向对象的开发工具，充分利用系统软件自身提供的维护手段，以有针对性的维护策略和方法尽量减少维护时对数据库的独占，保证系统的安全运行。通过双方的磨合，初步建立起来的系统要与实际工作紧密配合，既要发挥出计算机作为先进管理工具的特征，将繁杂的手工制处理减到最少，堵住各种管理漏洞，又要充分调动各级管理人员从系统中获取实用信息、协同开发者不断对系统进行改进的积极性。系统后台的查询、统计和报表部分要及时、准确和灵活地反映出各种情况，特别是通过十分经济的方式得到过去根本无法或者很难通过手工获取的各个侧面的汇总信息。酒店的高级管理人员能在此基础上进行科学的分析和判断，在微观上提高管理的精细程度，在宏观上为重大的决策提供帮助。

7.3.3 系统功能模块

在系统的功能模块设计中，根据以客人为核心的运营模式，我们可以将这些模块界定为三个大层次，即前台、后台和管理层。不同层次的模块在设计上有不同的侧重，但提高并行处理和数据共享的程度，防止网络和功能冲突是模块划分时要特殊考虑的问题。

1. 前台

凡直接与客人接触，发生信息、物品或货币交流业务关系的，需要在计算机上进行记录、协调和处理的工作，均属于前台范畴。这个前台概念不仅包括酒店大堂前台的接待、收银、查询，餐厅的点菜、送餐和收银，各楼层的退房检查、精品购买、外卖和娱乐，还有为客人提供的多媒体接触屏查询和引导系统，电子商务网上营销系统等。这些模块在运行时，既要符合酒店内部业务管理的要求，也要考虑客人的消费心理和思维习惯，通常应把客人也当作系统的设计对象之一。

要充分了解客人的想法和意愿，掌握他们的一般性需求和特别需求。为系统制定的输入输出步骤和效果要获得客人的积极配合，同时也要使操作员感到方便和快捷。无论是信息流还是资金流，都要在与客人的反复交流过程中顺畅地运行，避免不必要的阻碍，在逻辑关系上要预先考虑各种可能发生的情况并设计出响应的对策，以便迅速准确地完成对客人的各种服务。

2. 后台

后台是指那些对前台提供支持，一般不直接与客人发生关系的业务点，如各楼层的点单、美容美发、洗衣等消费服务单的输入、房态修改、库房、餐厅厨房、财务部门等。虽然其中有一部分是通过单据与客人接触的，如客人消费签单、计时服务、为客人提供物品的服务过程等，其特点是客人的需求已满足并在单据上记录后，由服务生将单据就近送到附近的一台微机处，再由输单员把有关内容输入到计算机系统中。此时输单员面对的是单据而不是客人，所以我们认为其工作属于后台性质。这些模块应简洁明确，以提高效率和方便使用为设计目的。同时考虑培养使用者的工作习惯，强化他们对系统功能的理解和按流程办事的意识。由于许多操作都是一次性的，在保证正确输入的前提下，系统内部对后台的各项操作都应区分权限，有详细的记录日志，以便事后进行核对，分清责任。

3. 管理层

通常前后台之间没有相互控制关系，虽然个别模块在运行时某些功能为了防止冲突，存在着互锁的可能，但我们都将协调双方的操作步骤，使其限制在最小的时间范围内，系统也会及时对运行状态作出明确的文字提示，引导有关的操作员进行有效的避让。可见，前后台模块间的相互影响不大，只要按规定执行完有关业务流程并予记录即可。

系统的调控通过管理层间接进行，它依据财务部门对当期业务的核算汇总和分析，由酒店的有关人士下达指令，系统管理员通过软件中的管理和维护模块对系统参数、人员、项目属性和配方等进行定义和调整，达到精细管理、提高效益的目标。该层次的模块以贯彻酒店高级管理人员的经营思想和管理意图为设计核心，力图使模块功能和控制流程符合酒店管理的规律，既科学合理又可操作。在报表设计上也冲淡计算机技术和学术特点，使之更加符合酒店/餐饮界管理人员的工作习惯。

7.3.4 系统控制结构

对系统的控制主要体现在对流的把握上，即对参与处理流、信息流、资金流和物流的模块进行分析和协调，从中找出相互之间的逻辑关系，以便采用不同的控制对策。

1. 对各种流的导向

客流：客人入住或换房时，必须提供已清扫的 OK 房；若无 OK 房，系统可提示现有的未打扫房供参考，前台接待员可指定其中某些房间并要求楼层服务生立即清扫，修改房态。主手牌持有者提前离开时，必须先进行主手牌变更。

信息流：当进入结账模块，客人也表示同意付款时，就不能倒退或取消操作，必须把账结掉并一次性打印结账单。此时信息流程是不可逆的，若确实出现差错，则只能到网管中心通过历史数据处理模块进行修改。

资金流：点单和收银模块有互锁关系，不能在同一时刻对同一客人既点单又结账。系统的超押金提示可控制客人的过度消费。同一账户下的客人分别付款时，最终结算前支付的均按补押金来操作。

物流：确认无法重新使用的消费，即便作了撤销点单处理，也要进行等量的报损。

2. 权限控制

系统运行初期可给各业务点适当多开放一些权限，目的是发生操作错误后能及时调整。一旦系统运行基本正常，操作员比较熟练后，应当将其权限控制在最小的程度，防止由于误操作而带来的责权上的矛盾。

例如，初期在收银处设置了订单修改功能，使收银员能及时修正订单中的错误，但后来发现在结账单中体现的消费数据与各业务点的原始签单有不一致的情况，所以在操作员对系统基本熟悉后就取消了收银员的这个权利。

为了防止恶意操作，在关键点处要有意识地设置多重的检查、校验和记录。

7.3.5 系统流程分析

1. 基本术语

在酒店康乐部管理中，一般将业务流程的运行称为流转。下面以"手牌"的流转为例，介绍酒店康乐部中一些基本术语：

①手牌：客人在酒店内的身份标示。每个客人在店内活动，均须随身携带一个号码唯一的手牌。手牌在客人进行入店登记时取得，客人凭各自的手牌进行洗浴、娱乐、消费和接受各类服务。

②主手牌：这是针对一个以上的客人组成的团体而言的，主手牌的持有者作为该批客人的代表，是双方临时约定的总付账人。

③鞋牌：客人进店后首先要到总台旁边的鞋房换拖鞋，同时领取与鞋架

对应的具有唯一号码的鞋牌,然后凭鞋牌进行初始登记并领取各类手牌。

④散座:酒店为了方便仅为洗浴或消费而来的客人,特别开辟了若干个比较大的空间,内设了一批可供临时休息的床位,称为散座。

⑤超时:在客房和散座的计费方面,酒店一般给客人规定一个固定的容许在店时间(如12小时),客人登记后开始计时。

⑥点单:房费、散座费中已包含了基本的洗桑拿浴的费用。客人若另外接受了按摩、美容、洗衣等附加服务,或者点了酒水、购买了物品等,则需另外签单,在结账时一并付费。

⑦班次:24小时内业务部门按两个班次轮转,通常白班为8:00至18:00,这样可保证后台财务人员在19:00前下班,夜班为18:00至次日8:00。

⑧免单:经酒店总经理或其他高级管理人员批准,可免收某批客人的部分或全部费用。

2. 系统数据流程分析

在分析各业务模块的状态和相互关系的基础上,可以分别画出各个系统的数据流程图,其中的数据流程总图给出了系统中涉及客人部分的一般性业务流程。系统流程分析如图7-8所示。

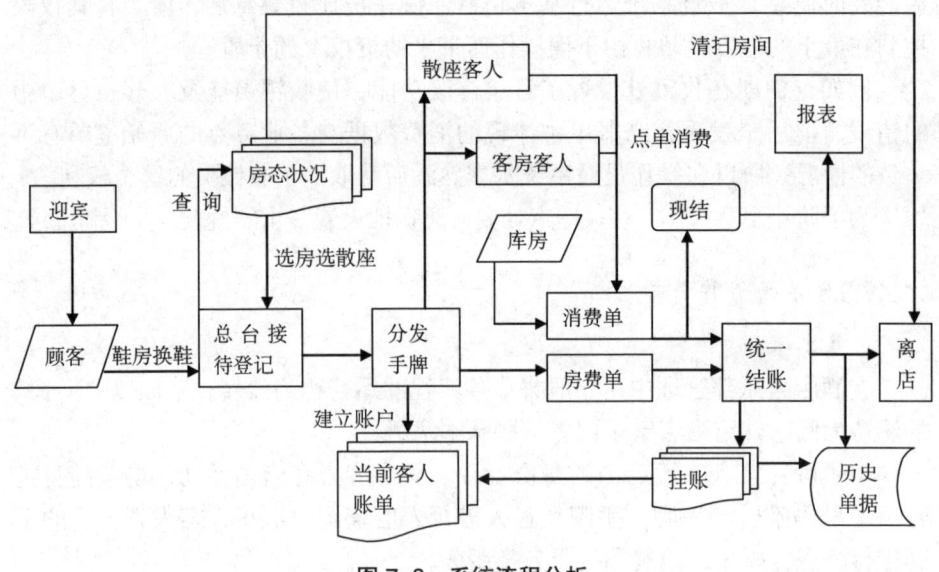

图7-8 系统流程分析

客人结账时,收银台应处理的几个问题:房费结算、娱乐消费结算、餐饮消费结算。

(1) 房费消费结算。房间可以分为标准间、经济二人间、三人间、四人间、豪华三人间等多种类型，不同的房型按各自的标准收费。根据客人在酒店停留时间的长短，又将同一类房间的价格分成四种：普通房价、长包房价、优惠房价、钟点房价。前三种房价均以客人入住12小时为一个基本收费单元（酒店称为一个轮转）。客人结账时，收银员应先明确执行哪一种房价，系统从房间类型表中调出各类房间对应的基价，然后再判断客人是否超时。酒店一般容许客人多停留1小时，在该宽限期内不收超时费。若超出这1小时则加收超时费，即在基价的基础上每超1小时加收10%的超时费。根据客人利益最大化的原则，超时在10～12小时之间的免收该时段的超时费，散座则以14小时为一基价，每超2小时则再收一个基价。仅进行娱乐的客人不收房费，其房间的基价为零。

(2) 娱乐消费结算。娱乐消费包括桑拿、健身、游戏、球类、酒吧、美容等。每项消费都从消费明细库汇总调出基价，乘以消费次数后求和，消费次数可以不是整数。计时性消费在点单时就算出了金额。

(3) 餐饮消费结算。菜肴类消费可按列盘或斤两/个数进行，系统分别从菜价数据库中调出基价，乘以相应的消费数目求和，生成餐厅消费账单。

7.4 经理决策支持系统

7.4.1 系统介绍

经理决策支持系统权限可以查看酒店各类房间的全部状态，包括现住、预订、维修、非出租、锁房等，并可查询房间的各类统计数据（包含当前总房数、当前占房率、预计出租率、当日总维修率）。

经理决策包含：客房收入分析、餐饮收入分析、销售业绩分析、会员分析、各类统计分析报表。

(1) 客房收入分析。客房收入分析包括各部门收入综合分析、营业项目收入分析、房费收入分析、全店营业日报、按国家地区等的分析。

(2) 餐饮收入分析。餐饮收入分析包含综合营业数据分析、销售分类分析、消费群体分析、营业走势分析、菜类销售走势分析、热销滞销菜目分析、销售成本分析、菜单工程等各类综合分析。

(3) 销售业绩分析。销售业绩分析包含协议单位销售明细、协议单位销售汇总销售员的业绩明细以及销售员的业绩汇总等分析。

(4) 会员分析。会员按行业、地区、年龄、消费占比、成长性等多角度的分析。

(5) 各类统计分析报表。各类统计分析报表包含各部门使用的分析报表，包含预订报表、接待报表、收银报表、客房报表、夜审报表、销售报表等。

7.4.2 营销管理专家系统

一般的经理决策系统还包括营销管理专家系统。

酒店营销管理专家系统是一套帮助酒店营销管理团队掌控核心客户资源，制定有效营销计划，提高工作效率，加强内部监督，促进销售人员主动工作的管理专家系统。营销管理专家系统集成了酒店营销部门销售活动管理、销售机会/任务分配管理、市场分析、客户关怀、营销分析决策等完整业务流程，解决酒店营销的执行力问题，具有独具特色的营销管理思路和简洁易用的风格。

1. 酒店营销管理中的困惑

目前，酒店对客户没有一套完善的跟踪机制，很多销售工作虎头蛇尾，以致丧失很多销售机会；在管理营销团队时，很难评估每个销售员的工作量，或者只见结果不见过程，当销售业绩回落时很难找到具体原因；在年度活动计划制定后，如何才能做到有效执行？如何变被动听报告为主动监督控制，使得即使经理出差在外也能利用这种机制激励和督促销售人员主动工作；对于日益激烈的市场竞争，如何能够深入了解竞争对手的核心竞争力和市场占有率，以便制定更加有效的市场策略；作为销售人员，如何做到不流失任何一个需要关注的客户，不丧失每一个可能的销售机会？在繁杂的销售活动中，对于重要的工作，如何能够做到及时提醒而不被遗漏？

2. 酒店营销管理专家系统的作用

(1) 可以帮助酒店经理或营销总监完成如下工作：

● 对市场环境进行全面了解，通过和竞争对手的对比分析，准确认识自身的市场定位，在提高核心竞争力的同时，制定有效的市场营销策略。

● 制定有效的销售预算和细化到每一个销售人员的销售目标，使营销活动能够有计划有步骤地进行。

● 不放过任何客户机会，对重要机会制定一套完善的跟踪机制，随时查看机会进展情况和销售人员的跟踪情况。

● 提高销售管理流程的自动化程度，创造员工主动工作的环境，使企业得以高效地运转，充分体现卓越管理。

● 对所有销售员的工作量进行量化评估，关注销售业绩，更注重销售细节。

- 通过自动生成的各类经营统计分析、黄金客户分析、销售业绩分析、竞争对手分析等，多角度解读经营情况，深入掌控核心客户，达到进一步提高销售额、增加利润率、提高客户满意度的总体目标。
- 充分利用 B/S 架构优势，即使出差在外也可随时查询各类分析统计数据和批示客户拜访报告。

(2) 可以帮助一般销售人员完成如下工作：

- 详细全面了解客户档案资料，利用最新的信息在客户最乐于接受时向他们提供针对服务，将客户信息转化为竞争优势，从而提升客户的价值、满意度和忠实度。
- 通过查看自己成功的、失败的和尚未利用的销售机会的具体细分信息，采取有效的行动，将日后的每一个机会转化为效益。
- 自动提示未处理的日程及相关任务，避免由于销售工作繁忙而造成的工作遗漏。
- 通过企业邮箱、业务公告和知识库，及时了解公司相关销售政策，与部门其他成员加强信息交流，不断学习，提高自身的销售能力。

复习思考题

简答题

1. 概述客房管理系统的系统业务流程。
2. 餐饮管理信息系统有哪些功能模块？
3. 简述酒店营销管理系统的主要作用。

第三篇 前沿篇

第八章 物联网与智慧酒店

科技手段的创新是未来社会的发展趋势，高科技体验可以成为未来酒店经营和管理的利器，成为吸引客源的竞争力要素。同时，面对中国酒店行业的竞争局面与价格竞争的市场环境，如何及早思考自己的蓝海与市场的差异性，打造培育自己的特色和差异化市场，成为酒店必将面临的重要课题。

纵观酒店行业，我国的酒店与国际接轨较早。在国际酒店巨头早已步入信息化、数字化服务的今天，国内酒店信息化程度相对来说过于迟缓。这也在很大程度上阻碍了酒店在网络时代的营销拓展，影响了酒店经营绩效与竞争能力的提升。很显然，中国酒店行业正在向着现代服务业的方向发展，智慧酒店代表了未来酒店业发展的趋势，这种趋势是发展的主流。本章将通过较短的篇幅简单介绍如何通过物联网技术实现智慧酒店。

8.1 物联网概述

1. 物联网的定义

物联网是新一代信息技术的重要组成部分，其英文名称是：The Internet of things。顾名思义，物联网就是物物相连的互联网。这包括两层含义：其一，物联网的核心和基础仍然是互联网，是在互联网基础上延伸和扩展的网络；其二，其用户端延伸和扩展到了任何物品与物品之间，并进行信息交换和通信。

物联网通过智能感知、识别技术与普适计算，广泛应用于网络的融合中，也因此被称为继计算机、互联网之后世界信息产业发展的第三次浪潮。物联网是互联网的应用拓展，与其说物联网是网络，不如说物联网是业务和应用。因此，应用创新是物联网发展的核心，以用户体验为核心的创新2.0是物联网发展的灵魂。

物联网的定义最初是在1999年提出的，即通过射频识别（Radio Frequency Identification，简称 RFID）、互联网、红外感应器、全球定位系统、激光扫描器、气体感应器等信息传感设备，按约定的协议，把任何物品与互联网连接起来，进行信息交换和通信，以实现智能化识别、定位、跟踪、监控和管理的一种网络。

中国物联网校企联盟将物联网定义为：当下几乎所有技术与计算机、互联网技术的结合，实现物体与物体之间、环境以及状态信息实时的共享以及智能化的收集、传递、处理、执行。广义上说，当下涉及信息技术应用的，都可以纳入物联网的范畴。

国际电信联盟（International Telecommunication Union，简称ITU）发布的《ITU互联网报告》，对物联网作了如下定义：通过二维码识读设备、射频识别（RFID）装置、红外感应器、全球定位系统和激光扫描器等信息传感设备，按约定的协议，把任何物品与互联网相连接，进行信息交换和通信，以实现智能化识别、定位、跟踪、监控和管理的一种网络。

根据国际电信联盟（ITU）的定义，物联网主要解决物品与物品（Thing to Thing，简称T2T），人与物品（Human to Thing，简称H2T），人与人（Human to Human，简称H2H）之间的互联。但是与传统互联网不同的是，H2T是指人利用通用装置与物品之间的连接，从而使得物品连接更加简化，而H2H是指人之间不依赖于PC而进行的互连。因为互联网并没有考虑到对于任何物品连接的问题，故我们使用物联网来解决这个传统意义上的问题。物联网顾名思义就是连接物品的网络。许多学者讨论物联网时，经常会引入一个M2M的概念，可以解释为人到人（Man to Man）、人到机器（Man to Machine）、机器到机器（Machine to Machine）。从本质上而言，在人与机器、机器与机器的交互，大部分是为了实现人与人之间的信息交互。

2. 物联网的关键技术

在物联网应用中有如下三项关键技术：

（1）传感器技术。这也是计算机应用中的关键技术。到目前为止，绝大部分计算机处理的都是数字信号。自从有计算机以来就需要传感器把模拟信号转换成数字信号，计算机才能处理。

（2）RFID标签。这也是一种传感器技术，RFID技术是融合了无线射频技术和嵌入式技术为一体的综合技术，RFID在自动识别、物品物流管理方面有着广阔的应用前景。

（3）嵌入式系统技术。该技术是综合了计算机软硬件、传感器技术、集成电路技术、电子应用技术为一体的复杂技术。经过几十年的演变，以嵌入式系统为特征的智能终端产品随处可见，小到人们身边的MP3，大到航天航空的卫星系统。嵌入式系统正在改变着人们的生活，推动着工业生产以及国防工业的发展。如果把物联网用人体做一个简单比喻，传感器相当于人的眼睛、鼻子、皮肤等感官，网络就是神经系统用来传递信息，嵌入式系统则是人的大脑，在接收到信息后要进行分类处理。这个例子很形象地描述了传感器、嵌入式系统在物联网中的位置与作用。

8.2 酒店物联网管理系统概述

酒店物联网管理系统率先将物联网技术引入酒店智能信息管理系统中。作为一种前沿技术，物联网是未来全球酒店行业的发展趋势，也是智能酒店发展的重要技术趋势。物联网使酒店的服务加入了新的理念，不仅适应当前酒店管理发展的实际需要，同时将极大地帮助酒店经营迈上新的台阶。物联网技术在酒店行业的应用，再次为酒店客户打开了一扇通往未来智慧酒店的大门。

目前，国内的酒店对客人的入住、餐饮、娱乐等项目的管理模式大同小异，随着行业竞争愈演愈烈，越来越多的酒店方希望为客户，特别是高端VIP客户提供更智能化、人性化的服务，提升酒店的核心竞争力。

酒店物联网管理系统作为典型的物联网应用，将网络延伸到了每一个门点，使每一个门点都有智能感知的功能，同时具有安全、智能、节能、美观的优点。酒店物联网管理系统的建造，可全面提升安防智能化，所有信息实时传输、所有刷卡开关门信息可追溯、所有报警信息可即时响应，同时还可实现与酒店其他系统的智能联动，是酒店物联网的革命性产品，也是目前酒店实现智能识别、功能增强、服务升级的最佳选择。酒店物联网管理系统的优势主要如下：

1. VIP客户

当客服接到酒店VIP客户电话预订时，即时从软件里选取VIP号，录入入住日期及时间，并与该客户确认入住的房号（也可以软件自动发送短信到相应的手机上），这样相应客房门锁会在预约时间开通该卡的进入权限，使得VIP客人到酒店后不用办任何手续就能完成入住及退房；客人进入客房时，系统会自动弹出该客户到达的信息，以便酒店提供进一步增值服务。通过该措施可以大大提高客人对酒店的认可度和忠诚度，为客户提供更加细节完善的优质服务，给酒店方带来大量的资金流。VIP客户服务流程如图8-1所示。

第八章 物联网与智慧酒店

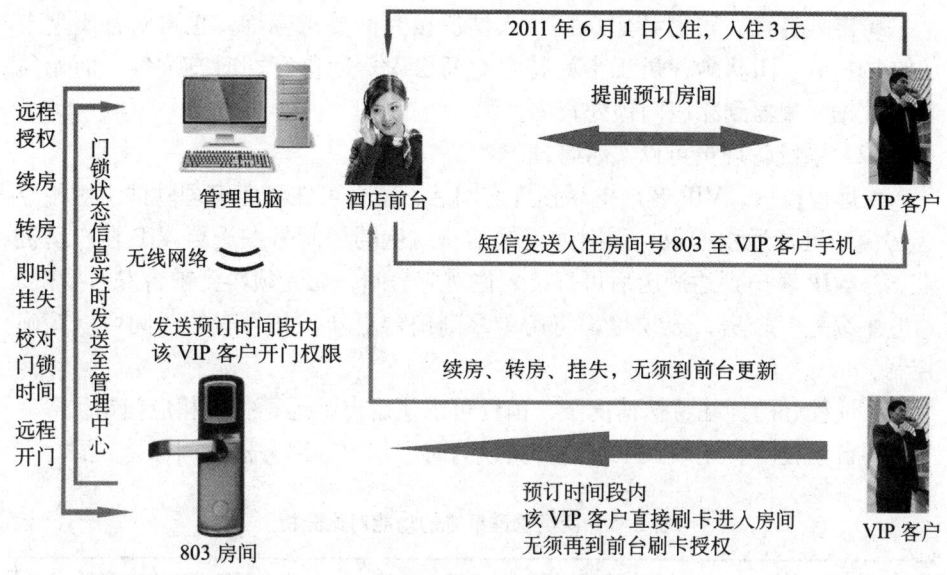

图 8-1 VIP 客户服务流程

2. 团队客户

团队客户可预约提前发放房卡，客人到酒店后可以直接去房间，无须在前台等待开房。

3. 管理绩效

实时显示房间门锁状态、进出刷卡开门信息、非法入侵报警、系统状态（联机状态、电池电量、信号强度等）。

清洁人员进房间开门时信息就进入系统，整理完成房间，只要按住门把再次刷卡，这时前台电脑立即将该空房显示为 OK 房。同时系统也即时记录了该员工打扫某客房所用的时间。

8.3 酒店物联网实时管理系统

(1) 系统管理员可以实时获取如下信息：
- 房门锁状态。门开、门关、保险开、保险关、电池电量、无线信号强度等。
- 进出刷卡开门信息。何人、何时进入何房，刷卡人员信息等。
- 报警信息。有人非法闯入、有人非法刷卡、门锁电量不足报警（电池电量报警时还可以保证正常使用半个月以上）。
- 系统状态。门锁是否是联网状态、门锁的电池电量、门锁的信号强度等。

- 出入查询。可对特定房间出入情况按时间要求查询，也可对某类型卡（如 VIP 卡、团队卡、员工卡）特定时间出入房间进行即时查询等，而无须使用数据采集器到相应门锁处查询。

(2) 系统管理员可以实时管理。

- 远程授权。VIP 客户电话预订房间后，前台可在酒店管理软件中对相应客房门锁进行远程授权，同时通过短信将对应的房间号发送至 VIP 客户手机上；当 VIP 客户到达酒店后可直接入住对应房间，而无须再到前台发卡授权。
- 续住、转房。无须用户将房卡拿到前台更新，并且有效时间可以精确控制。
- 远程开门。在特殊情况下，前台可以使用电脑远程打开相应门锁。
- 自动校时。无须人工校时，门锁的时间和中心服务器时间保持一致。

表 8-1 两类管理系统的功能对比分析

对比内容	离线式酒店锁管理	物联网智能酒店锁管理
挂失	必须通过管理卡在锁上手动挂失	远程挂失，实时生效
远程开门	不支持	支持 PC、手机远程开门
刷卡记录查询	手工支持，且存储容量小	数据实时上传
灯光、监控等联动	因为无法联网，所以无法联动	支持联动
温度监控、火灾报警	不支持	室内温度实时监测，异常实时报警
发卡开门权限更改	必须在管理主机上重新写卡	支持远程授权，实时生效
时钟信息	无法联网校时	实时联网，时钟同步更新
电池低电量检测	仅在锁体这一侧报警，无法知晓	电量实时监测，锁体、中心同报警
异常刷卡	不支持异常刷卡报警	异常刷卡中心报警
闯入报警	没有或仅在锁体这一侧报警	锁体、中心同步报警
门未关好报警	没有或仅在锁体这一侧报警	锁体、中心同步报警
公共门点灵活开门	不支持	支持远程灵活设定，实时生效
消防联动	不支持	支持消防紧急常开、锁体报警

(3) 可与有线门禁、一卡通其他系统通用兼容，可与消防系统联动。

酒店物联网管理系统可与酒店一卡通其他系统通用兼容，包括消费系统、会议签到系统、梯控系统、酒店视频系统、客房智能控制等。

系统提供软件接口可供酒店管理软件开发商使用，由酒店管理软件集成酒店门锁系统功能。

酒店物联网实时管理系统与传统离线式酒店锁管理系统的功能对比，详见表 8-1 所示。

【行业视角】

互联网技术能否帮助酒店减少人力成本

近来，由于限奢令的出台，高端酒店的收入大幅下滑。与此同时，人力资源成本却一直居高不下，酒店业主叫苦不迭。即便一再节省人力资源开支，依然有部分酒店人力成本占到了总收入的百分之八九十。如果削减酒店的服务人员，酒店的服务速度难以保证；而继续如此高规模支出，酒店利润难以保证。但如果在减少酒店人力资源开支的同时保证服务速度，对酒店来说便是一件两全其美的好事。

以智能代替人工，实现快速服务，是酒店减少人力资源开支的解决方案。那么，目前的互联网技术能否帮助酒店解决问题？

智能服务，需要一定的智能设备作为支撑，而智能设备最重要的落脚点就是宾客体验，如果不能带给宾客优于人工服务的体验，再智能的设备，宾客都不会买账。酒店目前比较常见的是手机 APP，但宾客首先需要下载。酒店专门的 APP 下载率并不一定高。APP 的设计每个酒店不尽相同，对于体验宾客也是褒贬不一。酒店需要寻找其他智能化产品取代 APP。

互联网技术能够帮助酒店实现快速服务，但需要智能化设备的支撑。随着中国的人口红利时代结束，以智能化设备代替人工服务是酒店未来发展的趋势，也是智慧酒店建设的必经阶段。

资料来源：迈点网（http://www.traveldaily.cn/article/81248.html）.2014-6-24.

复习思考题

简答题

1. 概述物联网实时管理系统的优势。
2. 简述酒店物联网实时管理系统的功能。

第九章　云计算与智慧客房系统

9.1 云计算概述

9.1.1 云计算简史

著名的美国计算机科学家、图灵奖（Turing Award）得主麦卡锡（John McCarthy，1927—2011）在半个世纪前就曾思考过云计算问题。1961年，他在麻省理工学院（MIT）的百年纪念活动中做了一个演讲。在那次演讲中，他提出了像使用其他资源一样使用计算资源的想法，这就是时下IT界的时髦术语"云计算"（Cloud Computing）的核心想法。

麦卡锡的这种想法在提出之初曾经风靡过一阵，但真正的实现却是在互联网日益普及的20世纪末。其中一家具有先驱意义的公司是甲骨文（Oracle）前执行官贝尼奥夫（Marc Benioff，1964—　）创立的Salesforce公司。1999年，这家公司开始将一种客户关系管理软件作为服务提供给用户，很多用户在使用这项服务后提出了购买软件的意向，该公司却死活不干，坚持只作为服务提供，这是云计算的一种典型模式，叫"软件即服务"（Software as a Service，简称SaaS）。这种模式的另一个例子是我们熟悉的网络电子邮箱。除了"软件即服务"外，云计算还有其他几种典型模式，比如向用户提供开发平台的"平台即服务"（Platform as a Service，简称PaaS），其典型例子是谷歌公司（Google）的应用程序引擎（Google App Engine），它能让用户创建自己的网络程序。还有一种模式更彻底，干脆向用户提供虚拟硬件，叫"基础设施即服务"（Infrastructure as a Service，简称IaaS），其典型例子是亚马逊公司（Amazon）的弹性计算云（Amazon Elastic Compute Cloud，简称EC2），它向用户提供虚拟主机，用户具有管理员权限，如同使用自家机器一样。

9.1.2 云计算的定义和特点

1. 云计算的定义

狭义的云计算是指计算机基础设施的交付和使用模式,指通过网络以按需、易扩展的方式获得所需的资源(硬件、平台、软件)。提供资源的网络被称为"云"。"云"中的资源在使用者看来是可以无限扩展的,并且可以随时获取,按需使用,随时扩展,按使用付费。

广义的云计算是指服务的交付和使用模式,指通过网络以按需、易扩展的方式获得所需的服务。这种服务可以是与计算机和软件、互联网相关的,也可以是其他的服务。

云计算包括以下几个层次的服务:基础设施即服务(IaaS)、平台即服务(PaaS)和软件即服务(SaaS)。

IaaS(Infrastructure as a Service):基础设施即服务。消费者通过Internet可以从完善的计算机基础设施获得服务,如硬件服务器租用。

PaaS(Platform as a Service):平台即服务。PaaS实际上是指将软件研发的平台作为一种服务,以SaaS的模式提交给用户。因此,PaaS也是SaaS模式的一种应用。但是,PaaS的出现可以加快SaaS的发展,尤其是加快SaaS应用的开发速度,如软件的个性化定制开发。

SaaS(Software as a Service):软件即服务。它是一种通过Internet提供软件的模式,用户无须购买软件,而是向提供商租用基于Web的软件,来管理企业经营活动,如阳光云服务器。

2. 云计算的特点

云计算使计算分布在大量的分布式计算机上,而非本地计算机或远程服务器中。企业数据中心的运行将与互联网更相似,这使得企业能够将资源切换到需要的应用上,根据需求访问计算机和存储系统。

好比是从古老的单台发电机模式转向了电厂集中供电的模式。它意味着计算能力也可以作为一种商品进行流通,就像煤气、水电一样,取用方便,费用低廉。最大的不同在于,它是通过互联网进行传输的。被普遍接受的云计算特点如下:

(1)超大规模。"云"具有相当的规模,Google云计算已经拥有100多万台服务器,Amazon、IBM、微软、Yahoo等的"云"均拥有几十万台服务器。企业私有"云"一般拥有数百上千台服务器。"云"能赋予用户前所未有的计算能力。

(2) 虚拟化。云计算支持用户在任意位置、使用各种终端获取应用服务。所请求的资源来自"云",而不是固定的有形的实体。应用在"云"中某处运行,但实际上用户无须了解,也不用担心应用运行的具体位置。只需要一台笔记本或者一部手机,就可以通过网络服务来实现我们需要的一切,甚至包括超级计算这样的任务。

(3) 高可靠性。"云"使用了数据多副本容错、计算节点同构可互换等措施来保障服务的高可靠性,使用云计算比使用本地计算机可靠。

(4) 通用性。云计算不针对特定的应用,在"云"的支撑下可以构造出千变万化的应用,同一个"云"可以同时支撑不同的应用运行。

(5) 高扩展性。"云"的规模可以动态伸缩,满足应用和用户规模增长的需要。

(6) 按需服务。"云"是一个庞大的资源池,可按需购买,云可以像自来水、电和煤气那样计费。

(7) 极其廉价。由于"云"的特殊容错措施,可以采用极其廉价的节点来构成"云"。"云"的自动化集中式管理使大量企业无须负担日益高昂的数据中心管理成本。"云"的通用性使资源的利用率较之传统系统大幅提升。因此,用户可以充分享受"云"的低成本优势,只要花费几百美元、几天时间就能完成以前需要数万美元、数月时间才能完成的任务。

(8) 潜在的危险性。云计算服务除了提供计算服务外,还必然提供存储服务。但是,云计算服务当前垄断在私人机构(企业)手中,而它们仅仅能够提供商业信用。政府机构、商业机构(特别像银行这样持有敏感数据的商业机构)对于选择云计算服务应保持足够的警惕。一旦商业用户大规模使用私人机构提供的云计算服务,无论其技术优势有多强,都不可避免地让这些私人机构以"数据(信息)"的重要性挟制整个社会。对于信息社会而言,"信息"是至关重要的。另一方面,云计算中的数据对于数据所有者以外的其他云计算用户是保密的,但是,对于提供云计算的商业机构而言确实毫无秘密可言。所有这些潜在的危险,是商业机构和政府机构选择云计算服务,特别是国外机构提供的云计算服务时,不得不考虑的一个重要前提。

云计算的特点可以用图 9-1 表示。

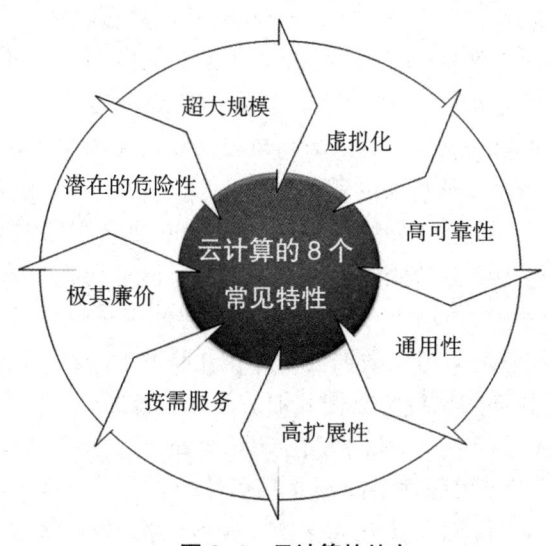

图 9-1 云计算的特点

云计算作为一种技术,与其他一些依赖互联网的技术,比如网格计算(Grid Computing),有一定的相似之处,但不可混为一谈。拿网格计算来说,科学爱好者比较熟悉的例子是 SETI@Home,那是一个利用互联网上计算机的冗余计算能力搜索地外文明的计算项目,目前约有来自 200 个国家和地区的 200 多万台计算机参与。它在 2009 年底的运算能力相当于当时全世界最快的超级计算机运算能力的 1/3。有些读者可能还知道另外一个例子:ZetaGrid,那是一个研究黎曼 ζ 函数零点分布的计算项目,曾有过 1 万多台计算机参与。从这两个著名例子中,我们可以看到网格计算的特点,那就是计算性质单一,但运算量巨大(甚至永无尽头,比如 ZetaGrid)。而云计算的特点恰好相反,是计算性质五花八门,但运算量不大,这是它们的本质区别,也是云计算能够面向大众成为服务的根本原因。

9.1.3 云计算的发展现状

云计算是个热度很高的新名词。由于它是多种技术混合演进的结果,其成熟度较高,又有大公司推动,发展极为迅速。Amazon、Google、IBM、微软和 Yahoo 等大公司是云计算的先行者。云计算领域的众多成功公司还包括 Salesforce、Facebook、Youtube、Myspace 等。Amazon 使用弹性计算云(EC2)和简单存储服务(S3)为企业提供计算和存储服务。收费的服务项目包括存储服务器、带宽、CPU资源以及月租费。月租费与电话月租费类似，存储服务器、带宽按容量收费，CPU根据时长（小时）运算量收费。

Amazon把云计算做成一个大生意没有花太长的时间：不到两年时间，Amazon上的注册开发人员达44万人，还有为数众多的企业级用户。根据第三方统计机构提供的数据显示，Amazon与云计算相关的业务收入已达1亿美元。云计算是Amazon增长最快的业务之一。

Google当数最大的云计算的使用者。Google搜索引擎就建立在分布在200多个地点、超过100万台服务器的支撑之上，这些设施的数量正在迅猛增长。Google地球、地图、Gmail、Docs等也同样使用了这些基础设施。采用Google Docs之类的应用，用户数据会保存在互联网上的某个位置，可以通过任何一个与互联网相连的系统十分便利地访问这些数据。

目前，Google已经允许第三方在Google的云计算中通过Google App Engine运行大型并行应用程序。Google值得称颂的是它不保守，它早以发表学术论文的形式公开其云计算三大法宝：GFS、MapReduce和BigTable，并在美国、中国等高校开设如何进行云计算编程的课程。

IBM在2007年11月推出了"改变游戏规则"的"蓝云"计算平台，为客户带来即买即用的云计算平台。它包括一系列的自动化、自我管理和自我修复的虚拟化云计算软件，使来自全球的应用可以访问分布式的大型服务器池，使得数据中心在类似于互联网的环境下运行计算。IBM正在与17个欧洲组织合作开展云计算项目。欧盟提供了1.7亿欧元作为部分资金。该计划名为RESERVOIR，以"无障碍的资源和服务虚拟化"为口号。2008年8月，IBM宣布将投资约4亿美元用于其设在北卡罗来纳州和日本东京的云计算数据中心改造。IBM于2009年在10个国家投资3亿美元建13个云计算中心。

微软紧跟云计算步伐，于2008年10月推出了Windows Azure操作系统。Azure（译为"蓝天"）是继Windows取代DOS之后，微软的又一次颠覆性转型——通过在互联网架构上打造新云计算平台，让Windows真正由PC延伸到"蓝天"上。微软拥有全世界数以亿计的Windows用户桌面和浏览器，现在它将它们连接到"蓝天"上。Azure的底层是微软全球基础服务系统，它由遍布全球的第四代数据中心构成。

在我国，云计算发展也非常迅猛。2008年5月10日，IBM在中国无锡太湖新城科教产业园建立的中国第一个云计算中心投入运营。2008年6月24日，IBM在北京IBM中国创新中心成立了第二家中国的云计算中心——IBM大中华区云计算中心。2008年11月28日，广东电子工业研究院与东莞松山湖科技产业园管委会签约，广东电子工业研究院将在东莞松山湖投资 2 亿元建立云计算平台。2008 年 12 月 30 日，阿里巴巴集团旗下子公司阿里软件与江苏省南京市政府正式签订了 2009 年战略合作框架协议，计划于 2009 年初在南京建立国内首个"电子商务云计算中心"，首期投资额将达上亿元人民币。世纪互联推出了 CloudEx 产品线，包括完整的互联网主机服务"CloudEx Computing Service"，基于在线存储虚拟化的"CloudEx Storage Service"，供个人及企业进行互联网云端备份的数据保全服务等系列互联网云计算服务。中国移动研究院对云计算的探索起步较早，已经完成了云计算中心试验。中移动董事长兼首席执行官（CEO）王建宙认为，云计算和互联网的移动化是未来的发展方向。

我国企业创造的"云安全"概念，在国际云计算领域独树一帜。云安全通过网状的大量客户端对网络中软件行为的异常监测，获取互联网中木马、恶意程序的最新信息，推送到服务端进行自动分析和处理，再把病毒和木马的解决方案分发到每一个客户端。云安全的策略构想是：使用者越多，每个使用者就越安全，因为如此庞大的用户群，足以覆盖互联网的每个角落，只要某个网站被挂马或某个新木马病毒出现，就会立刻被截获。云安全的发展像一阵风，瑞星、趋势、卡巴斯基、McAfee、Symantec、江民科技、Panda、金山、360 安全卫士、卡卡上网安全助手等都推出了云安全解决方案。

9.2 云架构的智慧客房系统

信息技术和国内经济的高速发展，加快了酒店业的信息化步伐，酒店的诸多方面正逐步与信息化接轨，并越来越成为为住客提供的一项必不可少的服务内容。

智慧客房，也叫数字客房，是指酒店客房大规模应用先进的信息化技术，促使客房智能化、信息化、自动化，使住客能在客房内实现电视收看、电影点播、电脑网络使用、酒店信息查询、互动服务、房内设施控制等功能，提供个性化、人性化服务，提高酒店的服务质量和管理水平，提高住客满意度。智慧客房现在是酒店客房建设的核心，它与住客之间接触得最紧密，因此也是酒店信息化建设的重中之重。

据统计，我国国内出游人数 2015 年预计将达到 33 亿人次。到 2020 年，我国将成为世界第一旅游接待大国，届时酒店客房总数预计将达到 900 万间，成为酒店客房第一国。在今后几年，酒店业的竞争将主要围绕智能化、信息化展开，数字化信息技术产品在中国酒店业的应用也将达到高峰，最大市场容量高达2300亿元。

因此，智慧客房将是酒店业下一步发展的方向，也正是基于这样的环境产生了智慧客房的市场需求。目前，酒店虽然入住率普遍不错，然而如果没有更好的服务手段和设备更新，会日益流失客源，失去竞争力。

从携程网上的住客评论来看，目前相当部分酒店设施较为陈旧，酒店的服务有待提升。根据以往中国酒店行业的统计数据，酒店在建造完5年以后每年会由于酒店设施陈旧导致的硬件设施品质下降，最终流失的客人比例会在每年5%左右。

从酒店实际需求出发进行分析，我们会发现：网络时代各类人群均离不开电脑及网络；除了房价收益以外，大多数酒店缺少更多增值业务和服务手段；酒店希望通过个性化服务提升竞争力；住客愿意为更好更多的服务埋单。

因此，酒店希望通过数字客房体验，提升酒店形象，为酒店提供更多赢利模式，从而提升酒店的核心竞争力。

实施酒店云项目必须考虑到投入资金、实施部署、售后服务三方面的情况，这是整个项目的核心所在。

投入资金：设备一次性较大投入会占用较大资金；一次性直接采购成本+三年运维成本，还不包括支付昂贵的版权费用。

实施部署：酒店不一定具备专业的IT管理人员，实施项目会由于现场情况增加实施风险。

售后维护：酒店使用传统的电脑模式一旦出现问题会导致客人投诉；若采用外包专业公司维护系统，又会有等待外包专业公司服务人员上门维护的时间差。

针对上述提出的三个核心问题，相应的解决方案是：建议使用低投入，少麻烦，高回报（较低的定期付款额，为酒店节省资金并获得更大的购买力，来解决硬件和软件平台问题）方案；统一的设置和安装流程，即插即用的方式最佳；采用云计算技术，无须本地安装任何软件和操作系统，只需要一个云终端，但操作习惯和传统电脑相同，通过专业的监控和预警系统实时维护酒店云。

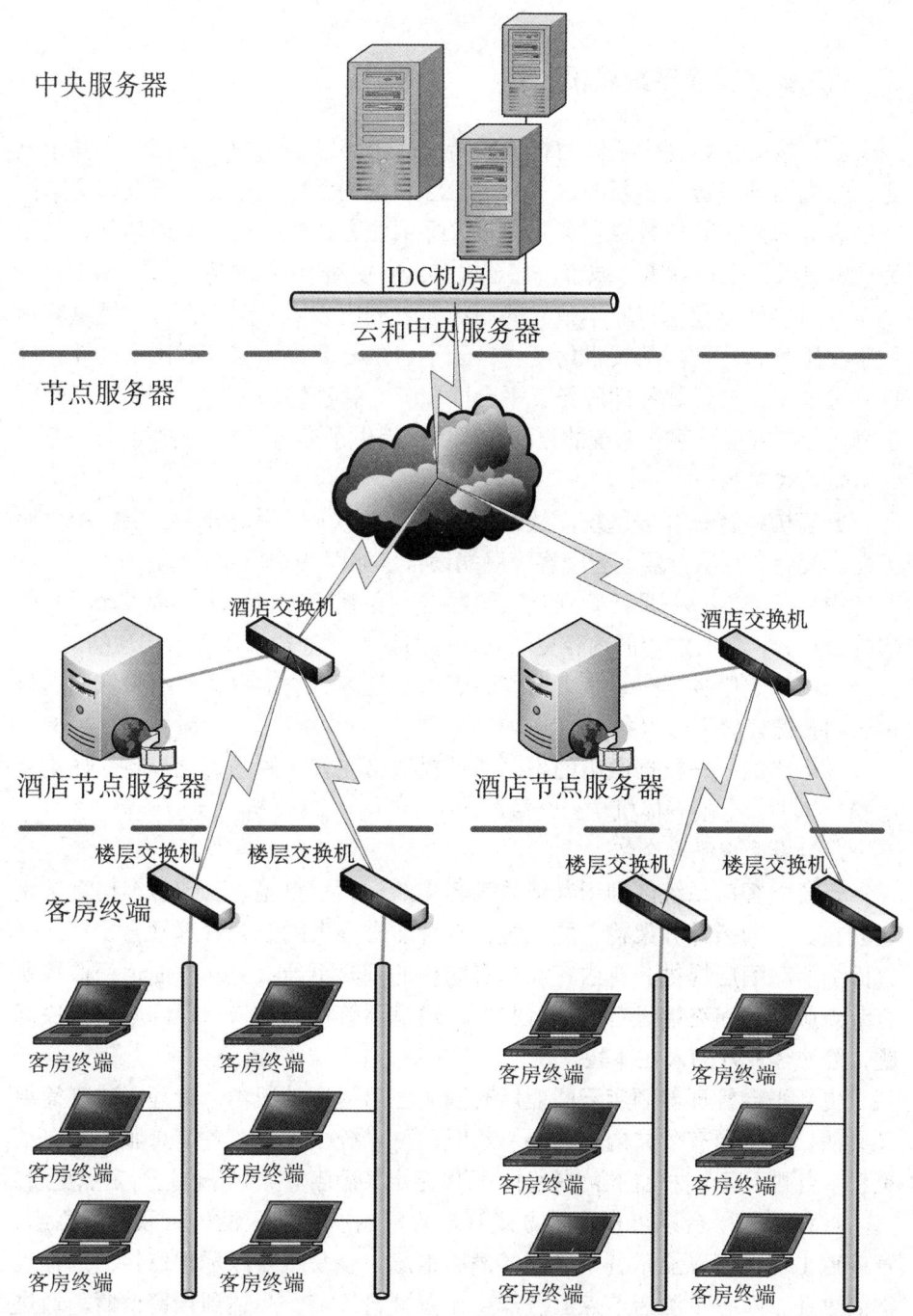

图 9-2　云架构的智慧客房系统

9.3 智慧客房系统建设

云架构的智慧客房是倾力打造的新一代中高端酒店数字客房。它基于酒店云平台为酒店塑造全新的数字客房概念和盈利手段，通过多方互赢提升国内酒店业形象。云和智慧客房服务不仅提供住客传统的电脑桌面体验，更是为住客提供一个与酒店、城市、甚至旅游、餐饮互通咨询的商旅平台。

利用云计算技术将原本独立的酒店通过酒店云联系起来，统一提供客房数字化服务和管理。从技术角度讲，云平台是一套架构在互联网上的软、硬件服务体系，通过软件即服务、平台即服务、管理即服务的方式，不仅降低了酒店建立客房数字化系统的复杂度，更是提供了客房丰富的住客应用体验。

1. 系统架构

云架构的智慧客房系统，从逻辑和物理架构上来说，分为三层：中央服务器、酒店节点服务器、智慧客房终端设备（如图9-2所示）。

中央服务器——是托管到互联网数据中心IDC（Internet Data Center）机房的公有云，所有酒店的内容更新、远程监控均是通过此服务器实现的。

酒店节点服务器——负责监管酒店内所有客房终端设备并给每家酒店提供云和智慧客房平台服务。

客房终端——根据酒店的不同需求提供给住客不同的终端设备，如电视电脑一体机、电脑一体机、云终端等。

2. 后台管理平台介绍

云智慧客房系统区别于其他数字客房的一大特点是，云智慧客房系统是建立在真正的云计算架构下的系统，有着非常强大的后台管理平台支持。一方面为所有酒店提供公有内容和私有内容的及时更新；另一方面远程监控所有节点服务器和终端设备的运行状态，通过预警机制在未出现问题前解决问题，给住客良好的入住体验。

更新平台管理着酒店云联盟所有酒店应用程序的版本，管理方式既简单又灵活。当平台有公共内容需要更新时，可以统一下发，各节点服务器自动更新。当酒店有个性化内容更新时，可以指定某酒店节点服务器进行定点更新。

远程管理平台以可视化的方式管理着国内所有加入酒店云联盟的酒店，直接点击地图可以显示各个区域的酒店信息。该平台兼顾远程监控、远程维护的重任。对每个酒店节点服务器可设置预警策略，当达到预警值时，通过发送邮件和短信的方式给指定人员，确保第一时间作出响应，在问题出现之前解决，提高使用体验。

平台对节点服务器的 CPU 使用率、内存使用率、磁盘使用率、网络状态等均有实时监控和数据记载，可以根据酒店的需要提供相应的日志报表，便于掌握设备及网络状况以作出适当的决策。

系统每次的维护，均有详细的日志记录，包括处理时间、处理人、维护原因等。

【行业视角】

96% 的酒店青睐基于云端的系统[①]

酒店管理系统是一个多合一系统，能将所有系统进行整合，从而提供无缝体验。酒店技术的不断改善能帮助酒店分担一部分后台处理的麻烦，以便更专注于为客人提供服务。2 年前，25% 的美国酒店在管理物业时使用的还是纸和笔；但到了 2017 年，它们都开始借助基于云端的系统改善整个流程。

Software Advice 在最近发布的报告中指出[②]，96% 的酒店软件买家都倾向于选择基于云端的系统，因为这样能节省投资成本，提升灵活度，对单体酒店尤其如此。此外，这份报告还指出了大部分酒店在吸引顾客、简化直接预订流程和提升客人体验时最常用的软件功能。报告的关键发现如下：

尽管酒店业增长一般，但酒店专用系统——酒店管理系统的使用率在过去 2 年增长了 2%。

62% 的买家都希望更换目前使用的有问题的软件，27% 的酒店希望实现流程的自动化。

大部分酒店都会选择基于云端的系统，96% 的酒店在选择酒店管理系统时都更倾向于基于网络的系统。

美国酒店业的增长促进了酒店管理系统的使用率。酒店公司使用各种方法处理日常工作，包括接受预订、管理客人入住和离店以及客房服务。同时，使用纸笔以及电子表格等人工方式的比例也下降了 2%。这意味着越来越多的酒店公司开始意识到使用酒店专用物业管理系统的好处。这些系统能为酒店提供至关重要的功能。

---

① 本文选自软件研究公司 Software Advice 的研究报告。
② 《2017 年酒店管理买家报告》(*Hotel Management Buyer Report – 2017*) 研究了目前酒店管理软买家的行为。

在希望购买酒店管理系统的酒店中，62%的酒店称现有软件存在问题——过时、缺少应有的功能、使用困难。

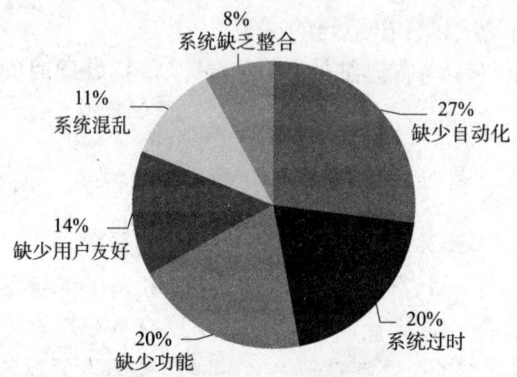

图9-3　酒店现有软件存在的问题

图注：27%的酒店希望实现自动化，20%表示现有系统过时了，20%表示现有系统无法提供所需功能，14%表示没有实现用户友好，11%表示希望将一切打理得更加井井有条，8%表示现有系统没有实现系统间的整合。

此外，这份报告还研究了买家需求量最大的应用程序，以了解他们最需要的功能。首先，前台应用程序排第一，每家酒店都需要合适的前台功能帮助客人登记入住和结账离店。其次，买家还需要确保酒店在线上市场的影响力，以吸引通过酒店官网进行直接预订的客人。在线预订引擎以23%排名第二。

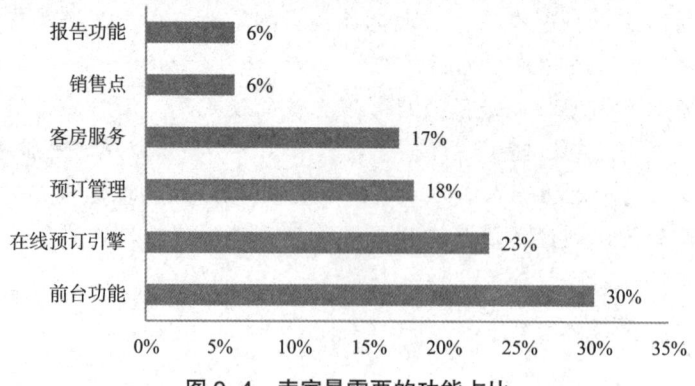

图9-4　卖家最需要的功能占比

图注：前台功能占30%，在线预订引擎占23%，预订管理占18%，客房服务占17%，销售点占6%，报告功能占6%。

每年通过在线途径完成的旅游预订量约1.48亿笔，占预订总量的57%。更重要的是，65%的当天预订是通过智能手机完成的。由于越来越多的旅行者开始通过在线途径进行旅行研究和预订，酒店的目标应该是使用在线预订引擎尽快将自己的酒店展示给仍处于选择期的旅行者。

在线预订引擎还可以提供其他有用的功能：

（1）定制化和品牌塑造。许多在线预订引擎供应商都允许酒店将预订引擎内嵌在品牌的着陆页中，以便提升客人的整个预订体验。

（2）图库。除了标识之外，酒店还可以在页面中加入专业的图片，展示客房和相关设施。

（3）实时定价和库存。客房的价格和库存可直接从酒店管理系统中直接获取，减少重复预订或其他客人的不便。

资料来源：环球旅讯（http://www.traveldaily.cn/article/113091），Claire 编译. 2017（4）.

复习思考题

（一）名词解释
1. 物联网
2. 云计算
3. 智慧客房
（二）简答题
1. 简述云计算的特点。
2. 简述实施酒店云项目必须考虑的主要问题。

第十章　大数据与酒店精准营销

在这个信息化程度逐步提高的"微时代",人们每天都在与大量的数据打交道,而聪明人取得信息价值的关键在于,他在"玩数据"而不是被数据玩得团团转。

最早提出"大数据"时代到来的是全球知名咨询公司麦肯锡。麦肯锡称:"数据,已经渗透到当今每一个行业和业务领域,成为重要的生产因素。人们对于海量数据的挖掘和运用,预示着新一波生产率增长和消费者盈余浪潮的到来。"

"大数据"是信息时代最抢眼和最热门的词汇,各大媒体和各大行业中都在热议大数据时代的技术应用。"大数据"意为大量的数据,即在规模、工作量和总体成本方面都超越了普通数据库的数据集,以及提取分析其中含义的技术。大数据的基础是小数据。酒店行业的大数据,由行业中各种类型的酒店分类提供的小数据组成。每个酒店一开门经营,数据就无处不在,现在没有采用电脑软件而仅靠手工处理信息数据的酒店几乎没有。

在酒店行业,海量数据的产生、获取、挖掘及整合,展现出巨大的商业价值,这正是"大数据"所带来的无限可能。科技改变世界,对于酒店业而言,大数据不仅改变了酒店和顾客联系和交易的方式,而且改变了酒店与供应商的联系和交易方式,改变了酒店与合作伙伴的联系和交易方式。

10.1 大数据的研究现状

10.1.1 大数据的起源与兴起

1980年,著名未来学家阿尔文·托夫勒(Alvin Toffler)在其《第三次浪潮》提出了"大数据"的概念,并热情地将其称为"第三次浪潮的华彩乐章"。但是,之后很长一段时期内,由于技术发展制约,"大数据"的概念并没有得到人们的重视。

2008年开始，移动计算、物联网、云计算等一系列新兴技术相继兴起，这些技术的发展及其在社交媒体、协同创造、虚拟服务等新型模式中的广泛应用，使得全球数据量呈现出前所未有的爆发式增长态势，数据复杂性也急剧增长，客观上要求新的分析方法和技术来挖掘数据价值，大数据技术应运而生，并得到迅速发展和应用，"大数据"时代真正到来。

2008年末，三位信息领域资深科学家卡内基梅隆大学的R. E. 布赖恩特（R. E. Bryant）、加利福尼亚大学伯克利分校的R. H. 哈茨（R. H. Katz）和华盛顿大学的E. D. 拉佐斯卡（E. D. Lazowska）联合业界组织计算社区联盟（Computing Community Consortium）发表了非常有影响力的白皮书《大数据计算：商务、科学和社会领域的革命性突破》，使得研究者和业界高管意识到大数据真正重要的是其新用途和带来的新见解，而非数据本身。随后，包括易安信（EMC）、IBM、惠普、微软在内的全球知名企业纷纷通过收购大数据相关厂商来实现技术整合，实施其大数据战略；国内外咨询机构也相继发布与大数据相关的研究报告，积极跟进大数据领域的研发与应用。2011年5月，EMC公司在主题为"云计算相遇大数据"的World 2011大会中阐述了云计算与大数据的理念和技术趋势。同年10月，高德纳（Gartner）咨询公司将大数据列入2012年十大战略新兴技术；11月，由中国软件开发联盟（Chinese Software Develop Net，简称CSDN）举办的中国大数据技术大会在北京成功举行。大数据在产业界逐渐形成燎原之势。

目前，大数据研究和应用已经成为信息科技领域中的热点。世界各国均高度重视大数据领域的研究探索，并从国家战略层面推出研究规划以应对其带来的挑战。2012年3月，美国奥巴马政府投资2亿美元启动"大数据研究和发展计划"，致力于提高从大型复杂数据集中提取知识和观点的能力，并服务于能源、健康、金融和信息技术等领域的高科技企业。2012年4月，英国、美国、德国、芬兰和澳大利亚研究者联合推出"世界大数据周"活动，旨在促使政府制定战略性的大数据措施；7月，日本推出"新ICT战略研究计划"，其中重点关注"大数据应用"同时，大数据也已引起学术界的广泛研究兴趣。2008年和2011年，《自然》(Nature)与《科学》(Science)杂志分别出版专刊《大数据：千万亿字节的科学时代》(Big Data：Science in the Petabyte Era)和《数据处理》(Dealing with Data)，从互联网技术、互联网经济学、超级计算、环境科学、生物医药等多个方面讨论大数据处理和应用专题。

10.1.2 大数据的定义与特征

1. 大数据的定义

对于大数据的概念，企业和学术界目前尚未形成公认的准确定义。维基百科将大数据定义为"无法在一定时间内用常规软件工具对其内容进行抓取、管理和处理的数据集合"；权威 IT 研究与顾问咨询公司高德纳（Gartner）将大数据定义为"在一个或多个维度上超出传统信息技术处理能力的极端信息管理和处理问题"；美国国家科学基金会（NSF）则将大数据定义为"由科学仪器、传感设备、互联网交易、电子邮件、音视频软件、网络点击流等多种数据源生成的大规模、多元化、复杂、长期的分布式数据集"。尽管存在不同的表述，但一个普遍的观点是，大数据与"海量数据"和"大规模数据"的概念一脉相承，但其在数据体量、数据复杂性和产生速度三个方面均大大超出了传统的数据形态，也超出了现有技术手段的处理能力，并带来了巨大的产业创新的机遇。

2. 大数据的特征

IBM 公司把大数据的特征概括为三个"V"：规模（Volume）、快速（Velocity）和多样（Variety）。但是，更多的人则将其概括为四个"V"，即规模（Volume）、快速（Velocity）、多样（Variety）和价值（Value）。

（1）规模（Volume）。大数据首先是必须具有海量数据，但是究竟多大体量才叫海量，人们并没有一个确定的数字。有人认为应该达到 TB（Terabyte，中文为太字节，是计算机存储容量的单位，1TB 等于 1024GB）数量级，一般在 10TB 规模左右。但在实际应用中，很多用户把多个数据集放在一起，已经形成了 PB（Petabyte，中文为拍字节或千万亿字节，是较高级的储存单位，1PB 等于 1024TB）级的数据量。

（2）多样性（Variety）。这是大数据概念区别于从前有关数据管理的一个重要特征。传统的数据管理主要是针对结构化数据的分析和应用技术，而大数据则更加强调对于半结构化和非结构化数据的分析和应用。

（3）快速（Velocity）。在当前常规的信息安全产品中，特别是具有代表性的检测响应类产品技术中，大量采用实时监测，而"实时"就意味着快速。在当前带宽越来越大、系统越来越复杂、采集的数据越来越多的同时，安全检测对于事件响应的及时性要求并没有减弱。另外，"实时"还包含着一种内在的含义：主要根据当前的数据作出分析判断。

（4）价值（Value）。数据是物理世界的数字反映，价值上数据不同于数字，数据背后是有对象的，而这些对象是有属主的、有立场的、有价值归属的、主观的。大数据的体量很大，所蕴含的价值总量也会是客观的，但是平均到单条信息的价值却很低，即价值密度很低。

10.1.3 大数据的关键技术

传统的数据采集来源单一，且存储、管理和分析数据量也相对较小，大多采用关系型数据库和并行数据仓库即可处理；而大数据环境下，数据来源非常丰富且数据类型多样，存储和分析挖掘的数据量庞大，对数据展现的要求较高，并且很看重数据处理的高效性和可用性，需要依靠并行计算提升数据处理速度。传统的并行数据库技术追求高度一致性和容错性，难以保证其可用性和扩展性。另一方面，传统的数据处理方法是以处理器为中心；而大数据环境下，需要采取以数据为中心的模式，减少数据移动带来的开销。因此，传统的数据处理方法，已经不能适应大数据的需求，需要一种新的技术理论和方法。

1. 数据挖掘

数据挖掘是指从大量的、不完全的、有噪声的、模糊的、随机的数据中提取隐含在其中的、人们事先不知道的、但又是潜在有用信息和知识的过程。目前，广为接受的一种处理模型是 U. M. 法耶兹（U. M. Fayyad）等人设计的多处理阶段模型。

2. 数据分析

在相关技术中，比较具有代表性的是阿帕奇（Apache）软件基金会开发的 Hadoop。以 MapReduce 和 Hadoop 为代表的非关系数据分析技术，凭借其适合非结构处理、大规模并行处理和简单易用等优势，在互联网搜索和其他大数据分析技术领域取得重大进展，成为主流技术。

10.1.4 大数据的相关产业发展

按照信息处理环节，大数据可以分为数据采集、数据清理、数据存储及管理、数据分析、数据显化及产业应用等六个环节。由于尚属发展初期，其中的每个产业环节都包含着不少的企业，其市场发展情况如下。

1. 数据采集

谷歌（Google）、思科（CISCO）这些传统的 IT 公司早已经开始部署数据收集的工作。在中国，淘宝、腾讯、百度等公司已经收集并存储大量的用户习惯及用户消费行为数据。世界四大会计事务所之一的德勤会计师事务所预计，在未来，会有更为专业的数据收集公司针对各行业的特定需求，专门设计行业数据收集系统。

2. 数据清理

当大量庞杂无序的数据收集之后，如何将有用的数据筛选出来，完成数据的清理工作并传递到下一环节，这是随着大数据产业分工的不断细化而需求越来越高的环节。除了 Intel 等老牌 IT 企业，天睿（Teradata）、Informatica 等专业的数据处理公司呈现了更大的活力。在中国，华傲数据等类似厂商也开始不断涌现。德勤预计，在未来，将会有大量的公司专注于数据清理。

3. 数据存储及管理

数据的存储、管理是数据处理的两个细分环节。这两个细分环节之间的关系极为紧密。数据管理的方式决定了数据的存储格式，而数据如何存储又限制了数据分析的深度和广度。由于相关性极高，通常由一个厂商统筹设计这两个细分环节将更为有效。从厂商占位角度来分析，IBM、甲骨文（Oracle）等老牌的数据存储提供商有明显的既有优势，它们在原有的存储业务之上进行相应的深度拓展，轻松占据了较大的市场份额。而阿帕奇软件基金会（Apache Software Foundation）等新生公司，以开源的战略汇集了行业专精的智慧，成为大数据发展的领军企业。

4. 数据分析

传统的数据处理公司 SAS 及 SPSS 在数据分析方面有明显的优势。然而，基于开源软件基础构架 Hadoop 的数据分析公司最近几年呈现爆发性增长。例如，成立于 2008 年的 Cloudera 公司，帮助企业管理和分析基于开源 Hadoop 产品的数据。由于能够帮助客户完成定制化的数据分析需求，Cloudera 拥有了如 ExPedia、摩根大通等大批的知名企业用户，仅仅 5 年时间，其市值估值已达到 7 亿美元。

5. 解读

将大数据的分析结果还原为具体的行业问题。SAP、SAS 等数据分析公司在其已有的业务之上加入行业知识，成为此环节竞争的佼佼者。同时，因大数据的发展而应运而生的 WibiData 等专业的数据还原公司也开始蓬勃发展。

6. 展示

这一环节中，大数据真正开始帮助管理实践。通过对数据的分析和具象化，将大数据能够推导出的结论量化计算，同时应用到行业中去。这一环节需要行业专精人员，通过大数据给出的推论，结合行业的具体实践制定出真正能够改变行业现状的计划。

不仅仅是大数据技术行业本身在发展，大数据的应用也已经在医疗服务、零售业、金融业、制造业、物流、电信等行业广泛展开，并产生了巨大的社会价值和产业空间。以麦肯锡评估西方产业数据为例，大数据的有效利用将使欧洲发达国家政府节省至少 1000 亿欧元（约 1490 亿美元）的运作成本，使美国医疗保健行业降低 8% 的成本（约每年 3000 多亿美元），并使得大多数零售商的营业利润率提高 60% 以上。据市场调研机构 IDC（International Data Corporation）预测，大数据技术与服务市场将从 2010 年的 32 亿美元攀升到 2015 年的 169 亿美元，实现 40% 的年增长率（IT 与通信产业增长率的 7 倍）。近两年来，国内外知名企业，如易趣（Ebay）、亚马逊（Amazon）、沃尔玛（Wal-Mart）、淘宝、中国移动和凡客等相继推出相应的大数据产品和平台，开展了多种深度商务分析和应用。例如，通过分析结构化和非结构化数据促进其业务创新和利润增长；基于机器学习和数据挖掘方法来管理和优化其库存与供应链，并量化评估其定价策略与营销效果；通过市场分析、竞争分析、客户分析和产品分析以优化经营决策等。

10.1.5 大数据的发展与挑战

在大数据时代，我们必须面对大数据的各种技术挑战，包括大数据的去冗降噪技术、大数据的新型表示方法、高效率低成本的大数据存储、大数据的有效融合、非结构化和半结构化数据的高效处理、适合不同行业的大数据挖掘分析工具和开发环境，以及大幅度降低数据处理、存储和通信能耗的新技术等。但我们相信技术能够解决的问题终将不会成为问题，真正制约或者成为大数据发展和应用瓶颈的有以下三个环节：

1. 数据收集和提取的合法性、数据隐私的保护和数据隐私应用之间的权衡

任何企业或机构从人群中提取私人数据，用户都有知情权，将用户的隐私数据用于商业行为时，都需要得到用户的认可。然而，目前，中国乃至全世界对于用户隐私应当如何保护、商业规则应当如何制定、触犯用户的隐私权应当如何惩治、法律规范应当如何制定等一系列管理问题的认识都大大滞后于大数据的发展速度。未来很多大数据业务在最初发展阶段将会游走在灰色地带，当商业运作初具规模并开始对大批消费者和公司都产生影响之后，相关的法律法规以及市场规范才会被迫加速制定出来。可以预计的是，尽管大数据技术层面的应用可以无限广阔，但是由于受到数据采集的限制，能够用于商业应用、服务于人们的数据要远远小于理论上大数据能够采集和处理

的数据。数据源头的采集受限将大大限制大数据的商业应用。

2. 大数据发挥协同效应需要产业链各个环节的企业达成竞争与合作的平衡

大数据对基于其生态圈中的企业提出了更多的合作要求。如果没有对整体产业链的宏观把握，单个企业仅仅基于自己掌握的独立数据，无法了解产业链各个环节数据之间的关系，从而对消费者作出的判断和影响也十分有限。在一些信息不对称比较明显的行业，如银行业以及保险业，企业之间数据共享的需求更为迫切。

例如，银行业和保险业通常都需要建立一个行业共享的数据库，让其成员能够了解到单个用户的信用记录，消除担保方和消费者之间的信息不对称，让交易进行得更为顺利。然而，在很多情况下，这些需要共享信息的企业之间竞争和合作的关系同时存在，企业在共享数据之前，需要权衡利弊，避免在共享数据的同时丧失了其竞争优势。此外，很多商家合作起来后很容易形成卖家同盟而导致消费者利益受到损失，影响到竞争的公平性。

大数据最具有想象力的发展方向是将不同行业的数据整合起来，提供全方位立体的数据绘图，从系统的角度了解并重塑用户需求。然而，交叉行业数据共享需要平衡太多企业的利益关系，如果没有中立的第三方机构出面，协调所有参与企业之间的关系、制定数据共性及应用的规则，将大大限制大数据的用武之地。权威第三方中立机构的缺乏，将制约大数据发挥出其最大的潜力。

3. 大数据结论的解读和应用

大数据可以从数据分析的层面上揭示各个变量之间可能的关联，但是数据层面上的关联如何具象到行业实践中，如何应用大数据的结论，制定可执行方案这一切要求执行者不但能够解读大数据，同时还需深谙行业发展各个要素之间的关联。这一环节基于大数据技术的发展，但又涉及管理和执行等各方面因素。在这一环节中，人的因素成为制胜关键。

从技术角度看，执行人需要理解大数据技术，能够解读大数据分析的结论；从行业角度看，执行人要非常了解行业各个生产环节的流程及关系、各要素之间的可能关联，并且将大数据得到的结论和行业的具体执行环节一一对应起来；从管理的角度看，执行人需要制定出可执行的解决问题的方案，并且确保这一方案和管理流程没有冲突，在解决问题的同时，没有制造出新的问题。这些需求不但要求执行人深谙技术，同时应当是一个卓越的管理者，有系统论的思维，能够从复杂系统的角度关联地看待大数据与行业的关系。此类人才的稀缺性将制约大数据的发展。

【行业视角】

酒店如何利用大数据降低 App 渠道获客成本

酒店集团对线上用户的争夺正在从 PC 端转向移动 App，它们对 App 渠道上的用户吸引有什么高效的手段？如何利用大数据降低 App 获客成本？

这几年，连锁酒店集团一直致力于持续推进直销策略，扩大酒店会员基数。如今，华住酒店集团有 7000 万会员，如家酒店集团有 5500 万会员，铂涛酒店集团有 6000 万会员，锦江酒店集团有 3500 万会员，这些酒店集团会员量还呈现出稳定上升的势头。然而，对于酒店来说，最终落脚点一定要体现在收益上，因此，接下来的核心任务便是如何提升会员的交易量。在交易挖掘方面，不少酒店集团基于强大的会员基础，大力将用户行为从线下引向线上，而线上的竞争正在从 PC 端转向移动 App。

若想运营好 App，首先要解决的一个问题是如何将用户吸引至 App 这个渠道上。近年来，酒店业要降低 OTA 占比的口号不绝于耳，其目标就是为了降低获客成本。只有当自营渠道的获客成本足够低，这些口号才能真正转化为实际落地的行动。不久前，某酒店集团就进行了一次基于大数据优化 App 获客成本的试验，下文简述，以作分享。

一、试验目的

酒店集团拥有数量庞大的会员，会员核心注册数据是手机号，有了手机号就可以利用短信与用户进行互动，那么怎样才能有效利用短信推送引导用户注册 App 并通过 App 进行酒店预订呢？针对以上问题，该酒店集团分别在有大数据和无大数据作支撑的情况下进行了比对试验，从而得出较优的 App 获客方案。

1. 第一轮尝试：全量短信推送

大部分酒店集团对于会员的招募是宽进宽出的。用户转化为会员基本可以无任何成本，仅需提供手机号（入住过程中酒店一般都可以获得入住客人的手机号）即可完成会员转化。接下来就涉及另一个问题：如何将线下会员转化为 App 会员？酒店知晓会员的手机号，是否可以全量推送短信进行营销呢？如果会员量是 20 万，短信营销的成本当然可以接受；但是，对于会员量上千万的酒店集团来说，全量短信推送的成本并不低。

实际测试效果数据显示，全量短信推送的转化率为 0.024%，单客成本为 85 元。85 元的会员转化单客成本过高，必须找到更合适的方法发掘更容易转化的那批用户进行优先转化。

2. 第二轮尝试：找到有需求的会员将其转化为 App 用户

偶尔入住用户和高频入住用户（出差用户或经常性出游用户）谁更容易被吸引至移动端 App？显而易见，App 会员经营更适用于高频入住用户。对于 1 年仅有一两次旅游需求的用户来说，网页版的携程基本就可以满足其需求，无须下载 App。只有对于经常性出差的用户来说，App 提供的常住酒店、常用房型的推荐以及可以兑换各种小商品的会员积分才能体现出更有竞争力的价值。找出潜在 App 转化用户进行营销，可以降低 App 单客获客成本。基于此原因，该酒店集团进行了如下尝试：

▶ 数据来源：用户的移动偏好（是否安装出行类 App，如航空 App、酒店 App、OTA App 等）。

▶ 筛选策略：筛选 TalkingData 标签中带有商旅出行标签的用户。

▶ 尝试效果：筛选后的用户，单客获客成本为 28 元，成本降低为未筛选前的 1/3。

此次尝试使用的仅是 TalkingData 的用户标签数据。在实际运作中，也可以通过酒店现有的会员入住行为数据进行用户筛选。例如，筛选不同入住次数的用户进行分批次推送：第一轮推送历史入住次数超过 20 次的用户；第二轮推送历史入住次数在 5~19 次的用户；最后推送历史入住次数低于 5 次的用户。从理论上来说，因为入住需求的不同，每一轮推送的相应效果应该是从高到低分批次递减，单客获客成本也会逐步升高。

3. 第三轮尝试：找到合适的转化场景

哪些用户有出行计划？哪些用户有转化为 App 用户的首要动力？

举个例子，同样是宝妈，如果在周六考虑要带宝宝去什么地方玩的时候收到宝宝爬爬赛的活动推送，宝妈参加活动的可能性很高，但是如果宝妈在上班开会的时候收到短信，这条短信基本就会石沉大海了。酒店会员也一样，当会员在酒店入住时收到酒店的红包代金券会比其他时候更愿意点击领取。找到适合转化营销活动的用户场景进行用户推送可以提高响应效率。

▶ 数据来源：酒店数据（会员是否是入住状态）。

▶ 筛选策略：筛选酒店当前处于已入住未离店状态的用户。

▶ 尝试效果：针对会员转化为 App 用户的短信推送，进行筛选后转化率为 0.3%，获客成本是 6.7 元，成本降低为未筛选前的 1/13。

对于用户是否有酒店预订需求的预判，也可以利用用户的商旅 App 活跃情况（用户在近三天是否启动过任意一款指定商旅 App）进行筛选。有出行计划的用户在收到酒店优惠券、红包、折扣等活动时，由于有酒店入住需求，相应的转化可能性会大很多。

4. 第四轮尝试：同时寻找"需求用户 + 场景用户"进行转化

▶ 数据来源：酒店数据（会员是否是入住状态）+ 用户的移动偏好（是否安装有出行类 App，如航空 App、酒店 App、OTA App 等）。

▶ 筛选策略：酒店入住中 + 高频商旅标签。

▶ 尝试效果：使用短信推送红包的形式，响应率为 0.6%~1%，单客获客成本为 2～3 元。

二、试验结果对比

	第一轮	第二轮	第三轮	第四轮
做法	对会员用户全量短信推送	对会员用户使用商旅会员进行标签筛选，对筛选后的商旅用户进行短信推送	选择合适的场景，如向酒店入住中的客人进行短信推送	场景结合标签进行精准营销，先筛选酒店入住客人，再对这些客人进行商旅标签筛选，对筛选后的用户进行短信推送
结果	获客成本为 85 元	获客成本为 28 元	获客成本为 6.7 元	获客成本为 2～3 元

可见，利用大数据，在场景结合标签的基础上进行精准营销是最优获客方案。

除了此次降低获客成本的尝试之外，还有更多基于大数据的用户筛选方式可用于实际的用户分层营销。比如，做一次 App 营销活动，如果使用短信对不同用户进行投送，响应率效果一定是活跃用户远高于非活跃用户，实际的尝试效果是两类用户数据的响应率差了 22 倍。背后的理由是，以往的高频入住会员可能由于工作变化不再有出差需求，因此找到活跃的、有需求的用户，去除沉睡用户的影响，专向对于活跃用户进行转化营销才可以提升活动的响应效率。

今天的酒店业已经从野蛮生长的粗犷发展阶段进入了精细化运营的时代。包含酒店的选址、门店的定价、会员的评价、用户的营销等，酒店已经开始逐步形成数据指导运营的良性循环，并看到了显著效果。明天的酒店比拼的可能不仅仅是房间的硬件设置及服务人员的态度，更多的是看酒店如何使用数据调整业务方式，提供更多用户愿意埋单的专属产品及服务。每个消费行为都带有一定的场景暗示，而需求在特定的场景下才会被激发，找到这些场景，就等于找到了机会。我们可以设想：当客人在办理入住的时候基于对用户数据的挖掘、追踪和分析，我们可以判断用户的需求，向用户推送合适的餐饮、健身等配套及附加产品。未来,酒店还可以在用户行前、行中、行后环节充分挖掘触达用户的机会。

资料来源:TalkingData.2017(4).

10.2 酒店精准营销

10.2.1 精准营销的定义

精准营销(Precision Marketing)是指在精准定位的基础上,依托现代信息技术手段建立个性化的顾客沟通服务体系,实现企业可度量的低成本扩张之路,是有态度的网络营销理念中的核心观点之一。精准营销有三个层面的含义:第一,精准的营销思想,营销的终极追求就是无营销的营销,到达终极思想的过渡就是逐步精准;第二,是实施精准的体系的保证和手段,而这种手段是可衡量的;第三,是达到低成本可持续发展的企业目标。

精准营销也是当今时代企业营销的关键,如何做到精准,这是系统化流程,有的企业会通过品牌联播等营销做好相应企业营销分析、市场营销状况分析、人群定位分析,最主要的是需要充分挖掘企业产品所具有的诉求点,实现真正意义上的精准营销。

20世纪80年代以来随着世界经济政治的变化,管理思想发生了重大的转变,管理沟通理论的研究也遭遇到新的挑战,主要表现在沟通中的信息网络技术的应用、知识型企业及学习型组织的建立等。伴随着现代管理理论呈现出的管理理念更加知识化,管理组织虚拟化、人性化,管理手段和设施网络化,组织结构扁平化,管理文化全球化等总体趋势,管理沟通理论也出现了企业流程再造沟通趋势、知识管理沟通趋势、管理更加柔性化的文化管理沟通趋势、网络经济和全球经济一体化的管理沟通的国际化趋势。精准营销的直接沟通,使沟通的距离达到了最短,强化了沟通的效果。

10.2.2 大数据时代的酒店精准营销

大数据时代之前,酒店多是采用客户关系管理(CRM)或商业智能(BI)系统中顾客信息、市场促销、广告活动、展览等结构化数据,以及官方网站的一些数据。但这些信息只能达到酒店正常营销管理需求的10%,就好比金山的一角,并不能帮助企业实现足够重要的洞察和规律的发现,进程十分缓慢。而其他85%的数据,诸如社交媒体、邮件、地理位置、用户分享的音视频等信息数据和物联网信息,以及移动3G互联网信息等开始日显宝贵、作用突出,有待进一步发掘，并被大数据技术充分地运用。

从前酒店运用 CRM 系统分析数据，只能促使分析报告回答"发生了什么事"，现在一个优秀的大数据系统可以回答"为什么会发生这种事"，而且一些关联数据库还可以预言"将要发生什么事"，最终发展为非常活跃的数据仓库，从而帮助酒店实现"想要什么事发生"。在"微时代"，通过获取更丰富的消费者数据，包括网站浏览数据、社交数据和地理追踪数据等，可以绘制出更完整的消费者行为描述。譬如，大数据技术可以提供客人方方面面的信息，可以充分有效管理并深度挖掘这些信息，从而为精准定制营销创造更多的可能。

1. 确定企业的短中期目标和标准

大数据的资源极为繁杂丰富，如果企业没有明确的目标，就算没有走入迷途至少会觉得非常迷茫。因此，首先，要确定企业运用大数据的短中期目标，定义企业的价值数据标准，之后再使用那些能够解决特定领域问题的工具，逐步推广，步步为营。不要把理想定得太高，否则会很失望。

2. 备好大数据相关技术人才

企业运用大数据为营销管理服务之前，技术团队要到位是基础。企业的营销团队要能够非常自如地玩转数据。

3. 解决碎片化问题

企业启动大数据营销的一个最重要的挑战，就是数据的碎片化。许多公司组织中，数据都散落在互不连通的数据库中，而且相应的数据技术也都存在于不同部门中，如何将这些孤立错位的数据库打通、互联，并且实现技术共享，才是最大化大数据价值的关键。营销者应当留意的是，数据策略成功将提升网络营销成效，要诀在于无缝对接网络营销的每一步骤，从数据收集到数据挖掘、应用、提取洞悉、报表等。

4. 培养内部整合能力

要做好大数据的营销运用，其一，要有较强的整合数据的能力，整合来自企业各种不同的数据源、各种不同结构的数据，如客户关系管理、搜索、移动、社交媒体、网络分析工具、普查数据以及离线数据，这些整合而得的数据才是定向更大目标受众的基础。其二，要有研究探索数据背后价值的能力。未来营销成功的关键将取决于如何在大数据库中挖掘更丰富的营销价值，比如站内、站外的数据整合、多方平台的数据接轨、结合人口与行为数据去建立优化算法等都是未来的发展重点。

10.2.3 精准营销下的个性化服务

服务品质对酒店的重要性无须赘言，对千篇一律标准化的服务，人们已开始感到厌倦。致力于提供更好的服务的酒店业者结合大数据时代的科技优势，提供"个性服务"给客人们尝鲜。在这些"个性服务"的背后，是科技在一直推动着其发展，从数据收集、统计、分析再到推出服务标准、执行，最后再到用户反馈、改进。

1. 时刻贴心服务

从十年前第一家智能化酒店在美国面市至今，十年匆匆而去，科技、网络、硬件以及酒店服务理念都有翻天覆地的变化。十年前的智能酒店通过集成化中控台控制情景灯、电视、窗帘等，在如今看来，这些简单的应用显得不再"智能"。最前端的科技和理念集成到移动平台上应用，将我们引入大数据酒店时代，为每位住户打造专属"私人定制"服务。

曾经一直为人们津津乐道的一些老牌酒店的客房服务人员，他们仅凭记忆便能记得宾客上次来店的偏好及习惯。不用多说，这样的客房服务人员，是每家酒店都想复制的模板。但是，由于每家酒店的具体情况不同，这样高品质的服务，要想在每家酒店的客房服务人员上推行，难度很大。

但随着科技的飞速发展，上述的客房服务已经成为现实，并且在迪拜的许多奢华酒店付诸实践。这要感谢 DigiValet 的 IPAD 客房中控软件。该软件在移动平台上不仅复制了从前"经典"的功能，如电视频道、开关灯、空调、窗帘、点餐等，并且，它还有更惊人的亮点。它可以统计用户的使用习惯，从而更好地服务于客户：它会记得你在不同的天气及时段下喜欢的空调温度并自动调节，它会在你起床后帮你拉开窗帘（如果你有这个习惯），它记得你喜欢在什么时间吃什么菜品并为你推荐相关搭配。DigiValet 完美地解决了贴心服务的问题，它会"记住"你的喜好，让你过得更好，并且不管是隔天或者隔几年再次入住，它依然记得你。

2. 探索个性服务

你在酒店的分分秒秒，都在有形无形地产生数据。我们的信息像激素一样散布在酒店、房间的各个角落。这些信息包括我们的姓名、头衔、喜好（每次住店后所消费的用品、喜欢看的电视频道、喜欢听的音乐、毛巾的摆放位置）等。在众多信息中，并不是所有信息都有利用价值。我们说的没有利用价值的信息，并不是说这些信息不重要，而是这些信息很容易获取。要想为客户提供理想化的个性服务，酒店必须领会把握几个关键点：海量数据的提取以及合理利用，挖掘有用的核心数据，紧密联系客人或市场的反应，维护会员数据私隐。

要为客人提供他们想要的产品及服务就必须了解他们的个性。首先，酒店需要在庞大数据库中，找出最有含金量的数据；其次，酒店要把数据上有相通性的顾客归类；最后，再针对这些客户的数据设计出对应他们的专属服务。在这里，又延伸出来一个问题，那便是个性服务单位的大小问题。这个单位是动态的。它大到可以概括一个有相同特性的顾客群体，好几百人。它小到提供独一无二的个性服务，一个人。划分单位的方式有很多种，常见的是根据客人的特性、客人的级别以及特殊习惯。在这一套相对复杂的服务设计与流程中，所增加的成本和实际收益是否成正比也是酒店十分关注的一个问题。

事实上，信息是流动的，也是时刻变化的，酒店只有获得有效信息才是最具价值的。有效信息可以帮助酒店更好地了解用户的消费习惯，比如不同地域的人他们到店、离店和入住习惯有什么区别。这些有效的统计数据帮助酒店更好地服务客人并提供个性化服务。回溯问题的源头，酒店实现个性化服务的最大难点是关键数据的可靠性，二是个性化服务的投入与产出比。具体来说，个性化服务的根基是建立在数据的准确性上，试想如果数据的筛选和分析有错误，那么个性化服务可真会有"个性"了。再说投入与产出比，若是采用个性化服务的成本和收入不能较之前有所提升，那么这桩"亏本买卖"酒店是不会去做的。

总而言之，要为客人提供个性服务，我们不仅要通过数据充分了解用户的个性以制定方案，同时还要合理地掌控成本与回报。

3. 助力品牌建设

酒店品牌建设尊崇的理念是：培养酒店宾客持续的关注度和黏度。在这个理念的指导下，数据的收集、归纳、整理和分析就显得尤为重要。我们需要知道客人是谁，他们关注的内容是什么，他们想要什么。我们力争让品牌建设的过程顺其自然，良好的感受发自客人本身，这样少了些侵入性，多了些关怀，借此更加潜移默化和深入人心。

根据近期德国沃尔姆斯应用科学大学针对旅行者对评论网站的信赖度进行的调查显示，在受访的1000余人中，约有17%的人认为评论网站在酒店预订过程中起到决定性作用，31%的人觉得评论网站很重要，还有48%的人认同其重要性但同时也持保留意见。

既然有近50%的人持肯定态度，几乎全部人都认同评论网站的重要性。那么，除了网站上的评论本身外还有哪些信息是值得酒店挖掘的呢？

通过对国内一些主流的在线旅游代理（OTA）网站的调查发现，以到到网（Tripadviser）为例，除了简单的评论信息外，到到网还包含了总评分、推荐表、同城排名、点评时间、回复时间、用户详细评分、图片及用户个人信息。在其中，用户信息理应是最值得酒店关注的内容。通过分析用户的多方面数据，我们能将抽象的数据形象化，以便更准确全面地了解用户。比如，同一个用户经常出没的城市都有哪些，他更多出于什么原因入住酒店；他每次选择入住什么样的酒店，更倾向于哪种类型的房间；是某个品牌的忠实顾客还是喜欢尝鲜不同的酒店等。

从用户对不同酒店的评论信息还可以总结出他在入住酒店时最关注的问题：是特别无法忍受离电梯太近还是有着特殊的洁癖；更喜欢去健身房锻炼还是经常使用酒店的会议室。

绝大多数点评网站的用户都是在酒店真实入住的顾客，他们留下的评论信息可以直接和真实身份信息挂钩，构建出一个信息量庞大而真实的顾客数据库。酒店对顾客了解得越多，就越能更好地满足其需求。这些数据的价值不仅仅在于可以影响到其他用户的出行决策，更可以帮助酒店进行更便捷、更有针对性的用户关系管理，增加顾客黏性，进而为精准营销提供决策依据，最终实现收益与品牌的提升。

大数据应用的核心是预测，通过用户数据预测到顾客的真实需求，再提供针对性的服务，有的放矢地对外制定精确营销，这才是酒店业在大数据中真正获得的最大价值。

10.3 对大数据环境下精准营销模式的思考

"营销管理是艺术与科学的结合——选择目标市场，并通过创造、交付和传播优质的顾客价值来获得顾客、挽留顾客和提升顾客的科学与艺术。"其中，"科学"的部分有赖于数据搜集与分析和各种营销数据库的建立。可以说，数据的使用贯穿在整个营销过程的始末，对于营销的效果起着至关重要的影响性作用。而在大数据时代，大数据的日益兴起和全方位的发展，如 GPS 定位一般，使企业对市场的理解和洞察需求正在日益地走向实时化和精准化，为企业实现精准营销带来前所未有的发展机遇。

通过以上对大数据、精准营销的分析与总结我们可以看出，国内外学者关于大数据、精准营销等的理论研究成果很多，但对于如何利用大数据及大数据技术，研究客户行为特征，建立大数据时代顾客洞察与精准营销体系策略,这方面的研究则很少。"许多人感觉到大数据时代正在到来,但往往只是一种朦胧的感觉,对于其真正对营销带来的威力可以用一个时髦的词来形容——不明觉厉"(网络用语,意为"虽然不明白在说什么,但好像很厉害的样子")。

首先,科技在营销中的运用一直存在,然而,大数据在营销中的运用是科技与营销结合的一座新的里程碑,它使技术在营销中不再仅仅是锦上添花的工具,而是会带来企业营销的战略性转型,会起到革命性的作用。

其次,可以从市场营销的一般过程来分析大数据技术在精准营销中的应用。

(1) 客户信息收集与处理

客户数据管理是一个数据准备的过程,是数据分析和挖掘的基础,是搞好精准营销的关键和基础,否则会造成盲目推介、过度营销等错误。比如,因为某些产品的购买,在一定时段里是不会重复的,强行推荐,只会导致客户厌烦情绪和后悔情绪。传统的客户关系管理一般关注两方面的客户数据:客户的描述性数据和行为数据。描述性数据类似于一个人的简历,比如姓名、性别、年龄、学历等;行为数据则复杂一些,比如消费者购买数量、购买频次、退货行为、付款方式等。在大数据时代,结构性数据仅占15%,更多的是类似于购物过程、社交评论等这样的非结构性数据,并且数据十分复杂,符合4V特征。只有通过大数据技术收集和整理数据,才有可能形成关于客户的360度式数据库,不错过每一次营销机会,"啤酒与尿布"的推销理论[①]就是一个很好的例子。

(2) 客户细分与定位

只有区分出了不同的客户群,企业才有可能对不同客户群展开有效的管理并采取差异化的营销手段,提供满足这个客户群特征要求的产品或服务。在实际操作中,传统的市场细分变量,如人口因素、地理因素、心理因素等由于只能提供较为模糊的客户轮廓,已经难以为精准营销的决策提供可靠的依据。大数据时代,利用大数据技术能在收集的海量非结构信息中快速筛选出对公司有价值的信息,对客户行为模式与客户价值进行准确判断与分析,深度细分,使我们有可能甚至深入了解"每一个人",而不止于"目标人群"

---

① 在沃尔玛超市,人们发现了一个特别有趣的现象:尿布与啤酒这两种风马牛不相及的商品居然摆在一起。但这一奇怪的举措居然使尿布和啤酒的销量大幅增加了。原来,美国的妇女通常在家照顾孩子,所以她们经常会嘱咐丈夫在下班回家的路上为孩子买尿布,而丈夫在买尿布的同时又会顺手购买自己爱喝的啤酒。这个发现为商家带来了大量的利润。

来进行客户洞察和提供营销策略。

(3) 营销战略制定

在得到基于现有数据的不同客户群特征后,市场人员需要结合企业战略、企业能力、市场环境等因素,在不同的客户群体中寻找可能的商业机会,最终为每个群制定个性化的营销战略,每个营销战略都有特定的目标,如获取相似的客户、交叉销售或提升销售,或采取措施防止客户流失等。

(4) 营销方案设计

大数据时代,一个好的营销方案可以聚焦到某个目标客户群,甚至精准地根据每一位消费者不同的兴趣与偏好为他们提供专属性的市场营销组合方案,包括针对性的产品组合方案、产品价格方案、渠道设计方案、一对一的沟通促销方案,比如O2O(Online To Office,即在线离线/线上线下)渠道设计、网络广告的受众购买的方式(DSP)和实时竞价技术(RTB),基于位置(LBS)的促销方式。

(5) 营销结果反馈

大数据时代,营销活动结束后,应对营销活动执行过程中收集到的各种数据进行综合分析,从海量数据中发掘出最有效的企业市场绩效度量,并与企业传统的市场绩效度量方法展开比较以确立基于新型数据的度量的优越性和价值,以对营销活动的执行、渠道、产品和广告的有效性进行评估,为下一阶段的营销活动打下良好的基础。

【行业视角】

酒店大数据应用如何回归根本

谷歌(Google)的执行董事长埃里克·施密特(Eric Schmidt)估计人类现在两天内产生的数据量相当于从现代文明的开端至2003年所累积的总和。

大数据是整个商业领域的热门话题。但从很多方面来说,旅游业一直都拥有非常丰富的数据。将最基本的事情做好,使得数据更容易被管理、更有效率,并全面评估现有的数据,因为它与你的目标密切相关。对酒店管理者来说,如今有比以往任何时候都多的客户信息,但它们也可能造成困惑。

先从简单的开始。我们发现,许多合作的酒店或度假村客户已经掌握了大量的数据信息,它们不过是缺乏条理,难以被利用。用下面我们列出的方法或工具,你就可以收集到数目惊人的客户数据,并逐渐了解网站访客来源、旅客信息及他们的来源。

网站数据:网站是最重要的消费者接触点。除了旅游体验之外,网站给访客全面展示了企业所提供的服务，进行了品牌展示。通常情况下，旅客们往往是在旅行计划的早期阶段访问你的网站。这是一座数据金矿，包括了点击率、蹦出率以及其他消费行为数据等。

客服中心数据：在移动端浏览的新时代，我们发觉电话正在经历着一场复兴。人们常常在移动设备上浏览信息，然后通过打电话来订房。并且，就连最老式的系统也能捕捉到呼叫者的信息，这样你就能收集到数据了！

消费者档案：几乎每家酒店都有邮件托管方案，包括发送简报（Newsletter）和用于营销的许可型数据库等功能。这些系统能收集到一大批用户数据和联系方式。你能看到这些非常喜欢你们产品的客户资料——他们是男是女？他们住在哪里？

你还能通过以往的客人收集到预订数据。这是很好的数据来源，不过这取决于你可以找到什么数据，你也许可以由此总结出在客人入住期间想问他们的一些额外问题。比如，如果一大群佛罗里达人入住了一家位于佛罗里达的酒店，这可以帮助酒店团队更好地决定何时针对当地和区域内的消费者进行市场营销。

交易型数据：通过分析顾客的信用卡数据，你能监控到他们入店期间的消费趋向。信用卡数据同样可以帮助你选择与哪个忠诚度计划合作。或者你可以从信用卡公司购买家庭平均消费数据来研究你的客人，统计出他们的平均收入和其他信息。

调查类数据：酒店管理者一般可以从调查中收集到两种数据——定性化数据与定量化数据。为了收集这类数据，你可以在网站上开设评论或调查专区，或者在入住期间提供评论卡，甚至可以在客户退房后给他们寄送调查表，鼓励他们在社交媒体（例如TripAdvisor）上分享入住经验与评论。

公开类数据：谷歌（Google）控制了美国70%的搜索量。因为搜索对于旅行计划非常重要，所以你可以在Google Trends（免费）网站来了解你所在的行业，以及服务和竞争对手的搜索趋势。这些数据都已经被很好地索引，实时更新且可以被随时查阅。

从比较今年与去年的搜索数据着手是一个不错的开始，因为它们和你的品牌与行业分类有关。一家小型酒店也许并不会在Google热搜榜上看到自己的名字，但它们仍旧可以研究自己所处的市场位置。

趋势、报告、分析

你可以花上几个小时或几天轻易地就看完所有的数据。但我们所说的"分析无能"是很常见的一种情况，如果没有采取一种战略性的方法，你很容易进入死胡同。不过，别紧张，谨记你的目标，根据你的业务对数据进行细分。

你可以从品牌和行业类别入手，比较一下去年与今年的数据。

从数据的变化趋势中辨别弱点、机会及挑战所在。确定几个你一直可以追踪分析的关键标准。例如，将每日来电总数与预订总量联系起来比较分析一下，或者研究顾客的支付方式。你一定会对这么快就获得有价值的观点而感到惊讶。

明确你需要测量哪些数据、这些数据如何被组织以及它们如何随着时间变化将会帮助你对营销预算的分配作出正确的决定，从而可以有效拉动业务，而不是漫无目的地扔出鱼饵，期待鱼儿自动上钩。

大数据之旅

数据一直都存在。从某个时候开始我们在它前面加上"大"字。从中我们可以学到的经验是，我们的起点可以很渺小，但我们通过有序的组织、计划及分析朝着目标不断迈进，终能看到成功。学会测量对你的业务最重要的数据，并不断深入。市场的基本准则在这里仍然适用：量入为出，实现利润最大化。

花钱雇用第三方来帮助你分析大量的数据能提高效率，且实际可行。但是，像其他商业决策一样，你要确定分析的这些数据有价值。分析网站数据有很多方式并不便宜，这取决于你酒店的规模。

我们推荐你选择免费的方式作为起点。当你开始问一些它们不能回答的问题时，你就可以考虑其他的方式了。了解你自己的数据让你更容易明白数据的价值，帮助你在面对付费方案时作出更明智的选择。

大数据并不是那么让人难以捉摸。你必然要经历一个过程，你提升业务所需的数据在今天都已经触手可及。你的酒店要如何利用它们呢？

资料来源：Frank Vertolli，Ryan Fitzgerald. 环球旅讯（http://www.traveldaily.cn/article/72131.html）. Eileen 编译. 2013-07-26.

复习思考题

（一）名词解释
1. 大数据
2. 精准营销
（二）简答题
1. 简述大数据的特征。
2. 如何实施大数据时代的酒店精准营销？

参考文献

[1] 薛华成. 管理信息系统 [M]. 6 版. 北京：清华大学出版社，2012.

[2] 薛华成，陈晓红，刘晓娟. 信息资源管理 [M]. 北京：高等教育出版社，2008.

[3] 陈力文. 酒店管理信息系统 [M]. 北京：机械工业出版社，2012.

[4] 石应平，冷奇君. 酒店管理信息系统实务 [M]. 北京：高等教育出版社，2011.

[5] 袁宇杰. 酒店信息化与电子商务 [M]. 北京：北京大学出版社，2012.

[6] 刘鹏. 云计算 [M]. 2 版. 北京：电子工业出版社，2011.

[7] 刘云浩. 物联网导论 [M]. 2 版. 北京：科学出版社，2013.

[8] 维克托·迈尔-舍恩伯格，肯尼思·库克耶. 大数据时代 [M]. 盛杨燕，周涛，译. 杭州：浙江人民出版社，2013.

[9] 李兴国. 信息管理学 [M]. 北京：高等教育出版社，2007.

[10] 高复先. 信息资源规划的理论指导 [M]. 北京：清华大学出版社，2002.

[11] 赵捷，于海澜. 企业总体架构——企业信息战略规划治理和信息系统总体架构设计 [M]. 北京：电子工业出版社，2006.

策　　划：赖春梅
责任编辑：巨瑛梅

图书在版编目(CIP)数据

酒店管理信息系统：理论、实践与前沿 / 吴联仁，李瑾颉编著． --2版． --北京 ：旅游教育出版社，2018.1

ISBN 978-7-5637-3687-4

Ⅰ．①酒… Ⅱ．①吴… ②李… Ⅲ．①饭店—商业管理—管理信息系统—高等学校—教材 Ⅳ．①F719.2-39

中国版本图书馆CIP数据核字(2017)第318212号

酒店管理信息系统：理论、实践与前沿（第2版）
吴联仁　李瑾颉　编著

出版单位	旅游教育出版社
地　　址	北京市朝阳区定福庄南里1号
邮　　编	100024
发行电话	(010)65778403　65728372　65767462(传真)
本社网址	www.tepcb.com
E-mail	tepfx@163.com
印刷单位	艺堂印刷（天津）有限公司
经销单位	新华书店
开　　本	710毫米×1000毫米　1/16
印　　张	12.25
字　　数	176千字
版　　次	2018年1月第1版
印　　次	2018年1月第1次印刷
定　　价	48.00元

（图书如有装订差错请与发行部联系）